MICHAEL SCHÖTTLER

DER PRAKTISCHE PAPA RATGEBER

Liebevoll begleiten, entspannt erziehen

humboldt

INHALT

SO GELINGT DER START ALS PAPA

Papa zu werden – jeder stellt sich das anders vor. Doch die Ratschläge, welche wir im Vorfeld von anderen Vätern erhalten, sind oft reine Sprüche wie „Na dann schlaf schon mal vor, dazu wirst du später nicht mehr kommen“. Diese bereiten einen nicht wirklich vor, und so wünscht man sich in manchen Momenten – ist das Kind dann da und Teil des eigenen Lebens – dass man einiges gerne vorher gewusst hätte.

Das eigene Kind ist etwas ganz Besonderes, bringt aber neben ganz viel Freude und Glück auch Herausforderungen mit sich. Plötzlich finden wir uns in ungeahnten, komplett neuen Situationen wieder.

Wir Väter erleben die Zeit der Schwangerschaft und das erste Lebensjahr anders als die Mutter. Und auch in den folgenden Jahren gehen wir oft mit einem unterschiedlichen Blick und anderem Verhalten auf die Kinder zu.

Aus diesem Grund richte ich mich in diesem Buch speziell an die Papas. Gerade weil wir einige Dinge anders sehen, anders handeln und eben auch anders fühlen, will unser Blickwinkel hier besonders berücksichtigt werden. Nicht jedes Thema kann dabei abschließend behandelt werden, aber es sollen sich Perspektiven eröffnen. Wer weiterführende Informationen zu einem bestimmten Themenbereich benötigt, findet diese zum Beispiel auf papa.de und in der geschlossenen Papa-Gruppe (Nur für Papas | Die Papa-Gruppe by papa.de).

Disclaimer: Ich bin kein Arzt und kein Rechtsanwalt. Meine Beschreibungen und Tipps vor allem zu juristischen und gesundheitlichen Themen sind sorgfältig geprüft, spiegeln aber lediglich meine Erfahrungen und mein Wissen sowie die Erfahrungen und das Wissen aus der Papa-Gruppe wider.

Die besten Tipps von Vätern für Väter – papa.de und wie dir dieser Ratgeber hilft

Mein Name ist Michael Schöttler, ich bin 40 Jahre alt, habe zwei Jungs und meine Frau ist gerade mit dem dritten Kind schwanger. Ich betreibe die Webseite papa.de mit den dazugehörigen Social-Media-Profilen. Wir haben knapp 200 000 Fans und in der geschlossenen Papa-Gruppe (Nur für Papas | Die Papa-Gruppe by papa.de) befinden sich fast 50 000 Väter.

Dieses Buch schreibe ich nicht, weil ich denke, wir Väter seien nicht in der Lage, ohne Hilfe ein Kind großzuziehen. Im Gegenteil. Das Thema Papa beschäftigt mich jeden Tag und im Austausch mit Tausenden Vätern. Und ich muss (mit etwas Stolz) zugeben, dass wir das Thema Kind und Erziehung sehr gut draufhaben. Ich schreibe dieses Buch, weil ich weiß, dass wir Väter heute an der Erziehung unserer Kinder interessiert sind und unser Wissen gerne noch vertiefen wollen. Denn jedes Kind ist so unterschiedlich und bringt seine eigenen Probleme und Besonderheiten mit sich. Gerade Väter mit mehreren Kindern werden das kennen: Da denkt man, beim zweiten Kind kann einen nichts überraschen, man kennt ja alles vom ersten und dann ist auf einmal alles anders.

Lasst euch also von diesem Buch inspirieren, lernt neue Sichtweisen und Herangehensweisen kennen und vor allem nutzt die praktische Erfahrung von Tausenden Vätern, die mit in dieses Buch eingeflossen ist.

FÜNF GLÜCKSGEHEIMNISSE ENTSPANNTER VÄTER

Für unsere Kinder wollen wir das Beste. Genauer betrachtet brauchen Kinder in den ersten Jahren gar nicht viel. Sie brauchen vor allem uns – unsere Liebe, unsere Aufmerksamkeit und unsere Zeit. Mit diesen Glücksgeheimnissen legen wir den Grundstein zu einer gelungenen Papa-Kind-Beziehung.

1. Liebe dein Kind – und zeige es

Wir alle lieben unsere Kinder, aber zeigen wir es ihnen auch – offen und ausreichend? Seien wir ganz ehrlich: Vieles, was wir besser machen wollten als unsere Eltern, bleibt im Alltag auf der Strecke. Wie oft sind wir gestresst und die Kinder bekommen unsere schlechte Stimmung ab?

Zum Erziehungsalltag gehört manchmal Schimpfen, doch viel öfter sollten wir unseren Kindern sagen, dass wir sie lieben. Wir dürfen nicht davon ausgehen, dass sie es wissen oder von selbst merken.

Deshalb: Sage und zeige deinem Kind so oft wie möglich, dass du es liebst.

Erziehen bedeutet, unseren Kindern Wärme und Zuneigung zu schenken. Lasst euch bloß nicht einreden, ihr dürft eure Kinder nicht in den Arm nehmen oder ihnen keinen Kuss geben. Gerade in den ersten Lebensjahren ist körperliche Nähe für die Kinder so wichtig. In der heutigen Zeit, in der Kindesmissbrauch und Kinderpornografie fast konstante Themen in den Medien sind, trauen sich viele (vor allem Papas) nicht mehr, körperliche Nähe zuzulassen. Doch das Kind sollte wissen, dass es damit zu euch kommen darf. Hast du in den ersten Jahren dein Kind nie in den Arm genommen, wird es später nicht von sich aus zu dir kommen und danach fragen. Der entscheidende Punkt, mit dem ihr die Frage nach „Wie viel Nähe braucht mein Kind?“ beantworten könnt, ist: Euer Kind bestimmt, mit welcher und wie viel Nähe es sich wohlfühlt.

Jedes Kind hat andere Bedürfnisse und geht mit dem Thema Liebe und Zuneigung zu den Eltern anders um. Aber wir als Eltern müssen ihnen vorleben, dass Liebe und Zuneigung ein wichtiger Bestandteil der Familie sind. Wie sollen sie sonst, wenn sie älter sind, mit dem Thema richtig umgehen können?

Beherzigst du das, wirst du eine gute und liebevolle Beziehung zu deinem Kind aufbauen.

2. Packe dein Handy weg

Ich selber kämpfe jeden Tag mit diesem Punkt, habe aber meine Zeiten am Handy schon drastisch runtergefahren. Gründe, auf das Handy zu schauen, gibt es viele. Sei es beruflich, mal eben die E-Mails checken, im Social Web nachschauen, was es Neues gibt oder sich mit Freunden schreiben. Das Handy ist aus unserem Alltag nicht mehr wegzudenken.

Die meisten von uns kennen noch eine handyfreie frühe Kindheit, aber versetzt euch mal eine Sekunde in euer Kind. Es spielt, freut sich und möchte euch zeigen, was es gerade entdeckt hat – und ihr seid am Handy. Fragt euch euer Kind etwas, antwortet ihr ganz nebenbei, ihr blickt nicht einmal auf. Welches Gefühl löst das in euch aus?

Ich lege mein Handy in der Familienzeit nun bewusst weg und versuche, es vor den Kindern nur zu nutzen, wenn es sein muss.

Die Zeit mit unseren Kindern gibt uns keiner wieder, wollen wir sie wirklich mit dem Handy verschwenden? Wollen wir unseren Kindern das Gefühl geben, nur eine Nebensache zu sein?

3. Lebt gemeinsame Rituale

Im Idealfall sind Mama und Papa die Größten für die eigenen Kids. Sie lieben es, mit uns Zeit zu verbringen und noch viel mehr lieben sie feste Rituale.

Legt einen Tag in der Woche fest, an dem ihr immer Zeit habt und dann etwas gemeinsam macht – nur du und dein Kind. Das kann ein Spieleabend sein, darf aber auch gerne ein Filmabend sein.

Ich habe zwei Jungs und wir machen jeden Samstag einen Fußballabend mit Chips. Die Idee kam im Übrigen vom älteren, der selber Fußball spielt. Ich selbst bin gar kein so großer Fußballfan, aber den Jungs gefällt es. Schon Tage vorher erinnern sie mich: „Papa, wir müssen für Samstag noch Chips einkaufen." (Manchmal vermute ich, dass ihnen der Fußball egal ist und sie nur auf die Chips heiß sind ☺.)

Findet also eine Sache, bei der ihr ein, zwei Stunden zusammen seid und gemeinsam Spaß habt. Wenn sich die Kids im Vorfeld darauf freuen und traurig sind, wenn eure Verabredung mal ausfällt, habt ihr ein festes Familienritual geschaffen. Euren Ideen sind hier keine Grenzen gesetzt:

- Ausflug
- Gemeinsames Kochen/Backen (bei dem die Kids alles machen – so gut es geht)
- Basteln, Werken, Malen, Dekorieren usw.
- Gemeinsam Musik machen
- Der Wunschtag – einer darf aussuchen, was gemacht wird, wöchentlich wechselnd
- Spielplätze entdecken (ob draußen im Wald oder in der Stadt, denn wieso immer auf den gleichen gehen und nicht mal in der Umgebung einen anderen ausprobieren)

Wichtig ist Kontinuität! Der Tag muss wirklich geschützt werden und sollte nur in Ausnahmefällen ausfallen. Probiert aus, bis ihr eine Aktivität gefunden habt, welche allen Spaß macht.

4. Nimm dir Zeit – nur für dich

Zeit nur für dich? Wie kann dich das zu einem noch besseren Papa machen? Im Grunde ist es ganz einfach. Du kennst sicherlich den Spruch: „ Um andere glücklich zu machen, musst du selbst glücklich sein."

Darum geht es. Wenn du deine eigenen Interessen immer hintanstellst und vor lauter Aufgaben und Verpflichtungen nur noch gestresst bist, wird das negative Auswirkungen auf dein Familienleben haben. Zeit für dich ist kein Luxus, sondern Notwendigkeit. Egal ob der Besuch im Fitnessstudio oder Zocken am PC oder an der Spielekonsole.

Und weil es oftmals gar nicht so einfach ist, diese Zeitfenster einzurichten, ist Zeitmanagement eines der wichtigsten Dinge, die du als Papa lernen musst. Dabei solltest du darauf achten, dass die verfügbare Zeit für Familie, Beruf und Partnerschaft im Gleichgewicht ist und du einen Teil für dich reservierst.

5. Nehmt euch Zeit – auch für die Partnerschaft

Im Idealfall hast du oder wirst du irgendwann neben deinem Kind auch einen Menschen an deiner Seite haben. Und damit eine Partnerschaft funktioniert, braucht es gemeinschaftliche Zeit, in der sich nicht alles ums Kind dreht, sondern nur um euch. Viele Partnerschaften leiden genau darunter. Wenn ihr euch aktiv mit dem Thema Partnerschaft beschäftigt, euch Zeit füreinander nehmt, dann reduziert ihr das Risiko einer Trennung, das gerade in den ersten Jahren mit Kind hoch ist.

Eure Beziehung hat auch auf dein Kind Einfluss: Ihr seid Vorbild, durch das es lernt, wie man eine Beziehung führt. Die Art und Weise, wie ihr miteinander umgeht, wird für dein Kind erst einmal zum Standard werden.

Eine funktionierende elterliche Beziehung, dazu gehört bei Trennungskindern auch der neue Partner, hat maßgeblichen Einfluss auf die frühkindliche Entwicklung.

Solltet ihr keine Großeltern haben, die euch das Kind mal abnehmen und euch so zu einem freien Abend verhelfen, solltet ihr die Alternative Babysitter andenken. Je nach Alter des Kindes kann es auch mal bei Freunden/Freundinnen schlafen. Pflegt also auch den Kontakt zu den Eltern der anderen Kita- oder Kindergarten-Kinder. Ein gutes Netzwerk ist die beste Unterstützung.

Verlierst du die oben genannten fünf Punkte im Alltag nicht aus den Augen, auch wenn das sicherlich nicht immer leicht ist, dann wirst du ganz automatisch ein noch viel besserer Papa, als du es jetzt schon bist.

CRASHKURS: DIE ERSTEN LEBENSJAHRE DEINES KINDES

In den ersten sechs Lebensjahren wachsen dein Kind und eure Bindung. Es wird dich zum Staunen und zum Lachen bringen, aber auch verunsichern und herausfordern. Wie gut, wenn du darauf vorbereitet bist und die Hürden kennst, die dein Kind in seiner rasanten Entwicklung nimmt – die Meilensteine auf dem Weg vom hilflosen Baby zum neugierigen Kita-Kind. Willkommen zu einer einzigartigen und turbulenten Reise, die auch dich wachsen lässt.

Erstes Lebensjahr (0 bis 1)

Das erste Lebensjahr ist für uns Väter enorm wichtig. Anders als die Mama haben wir während der Schwangerschaft noch keinen engen Bezug zum Kind aufgebaut. Im ersten Lebensjahr heißt es deshalb für uns Väter, genau diese Bindung zu schaffen.

Die Basis: Bindung schaffen

Sollte deine Partnerin nicht stillen, hast du eine super Möglichkeit, die Bindung zum Kind schon von Anfang an mit zu prägen. Denn Fläschchen geben beherrschst du genauso gut wie die Mama.

Übrigens ist es nicht ungewöhnlich, wenn wir zu Beginn die Bindung erst aufbauen müssen. Viele Väter, aber auch Mütter, stellen sich im Vorfeld genau vor, wie es sich anzufühlen hat, ein Kind zu haben. Fühlen sie dann nicht exakt so, vermuten sie, dass sie ihr Kind nicht lieben und machen sich Vorwürfe. Ein Teufelskreis beginnt und gerade bei Frauen – aber auch bei Männern – kann das schnell in eine postnatale Depression führen.

Dauerthema Schlaf

Beim Thema Schlaf ist nichts vorhersehbar. Hier kann euch alles erwarten: vom Idealfall, bei dem euer Kind ohne Probleme schläft und ihr nur ein, zwei Mal die Nacht füttern müsst, bis hin zum totalen Grauen mit durchwachten Nächten und übelstem Schlafentzug.

In der Regel schlafen Babys pro Tag 12 bis15 Stunden, je nach Kind sind die einzelnen Schlafphasen aber auf mehrere Einheiten verteilt. Wichtig ist, dass ihr euch gemeinsam mit eurem Kind zum Schlafen legt und während des Einschlafens bei ihm seid. Gerade in den ersten Wochen leiden fast alle Eltern an akutem Schlafentzug. Schläft das

Kind endlich, wird, anstatt selbst eine Zeitlang zu schlafen, die Wohnung geputzt oder andere Aufgaben erledigt, zu denen man sonst nicht kommt. Doch was ist wichtiger: Schlaf oder eine Wohnung, in der man vom Fußboden essen kann? Gestehe dem Schlaf seine zentrale Bedeutung zu.

Scheut euch auch nicht, Hilfe anzunehmen von euren Eltern oder anderen hilfreichen Händen. Lasst euch bekochen oder im Haushalt helfen! Für Familien mit mehreren Kindern kann es sogar möglich sein, dass der Anspruch auf eine Haushaltshilfe besteht. Hier lohnt es, im Vorfeld bei der Krankenkasse nachzufragen.

In den ersten Monaten ist fast immer die Frau zu Hause. Gerade wenn sie stillt, fühlt sich das für viele Männer so an, als wären sie vom „Nachtdienst" befreit und könnten durchschlafen. Aber gerade deswegen sollten wir die Frauen auf anderem Wege so gut unterstützen, wie es nur geht. Geht mit eurem Kind im Kinderwagen für ein, zwei Stunden raus, sodass sie schlafen kann, oder verschafft ihr auf anderem Wege Freiraum. Schlafmangel darf nicht unterschätzt werden und führt oft zu Streit zwischen den Partnern.

Rasante Entwicklung

Nie wieder wird dein Kind sich so schnell entwickeln wie im ersten Lebensjahr. Dein Kind saugt alles in sich auf wie ein Schwamm: Eindrücke, Erfahrungen und Wissen. Es probiert alles aus und solange du auf die Sicherheit achtest, kannst du eigentlich kaum was falsch machen.

In den ersten Wochen nach der Geburt gibt es nur Schreien, Schlafen, Essen und in die Windel machen oder sich übergeben. Du kannst dein Kind hinlegen und es wird sich keinen Zentimeter bewegen und einfach nur daliegen und mit den Ärmchen und Beinchen etwas hantieren. Zu Beginn wird das Sehvermögen geschult. Dabei steigt die

Entfernung, aus der etwas erkannt wird, von Woche zu Woche an. Es ist vollkommen egal, was du deinem Kind zeigst, solange es nur etwas Neues ist, ist es faszinierend. Alle Sinne entwickeln sich und nach einigen Wochen kommt die körperliche Bewegung, die Motorik hinzu. Das Kind entdeckt das Greifen mit den Händen, aber auch das Abstützen mit den Füßen. Spätestens mit dem Drehen, dem Vorboten des Krabbelns, ist es mit der Ruhe zu Hause vorbei. Von nun an wirst du nur noch aufpassen, dass es keine Gefahrenstellen gibt und dich wundern, wie schnell sich so ein kleines Wesen auf allen Vieren bewegen kann.

Denke bitte daran, dass dein Kind bei seiner Entwicklung sein eigenes Tempo hat. Mach dich nicht verrückt, wenn andere Kinder schon im Ellbogenstütz sind oder krabbeln – und deines noch nicht. Wichtig ist, dass du nicht versuchst, dein Kind zu etwas zu zwingen. Dein Kind macht seine Entwicklung in dem Tempo, in dem sie angelegt ist. Versucht dein Kind sich hinzusetzen und schafft es das noch nicht, dann greif nicht ein. Die Muskulatur ist dann noch nicht so weit.

Alle U-Untersuchungen wahrnehmen

Damit die Entwicklungsschritte eures Kindes regelmäßig untersucht werden, gibt es das sogenannte „Gelbe Heft“. Praktisch ist, dass ihr es schon bei der Geburt von den Ärzten überreicht bekommt. Dort finden sich alle Zeitpunkte eingetragen, wann U-Untersuchungen stattzufinden haben. Dieses Heft nehmt ihr dann zum Kinderarzt mit, dort werden die Untersuchungen und Impfungen durchgeführt und eingetragen. Es empfiehlt sich, die Termine rechtzeitig auszumachen, da der Zeitraum, in dem die Untersuchung stattfinden soll, zwingend eingehalten werden muss. Kommt es in der Entwicklung zu Abweichungen, wird der Kinderarzt mit dir entsprechende Behandlungsmöglichkeiten besprechen. Bei vielen Krankheiten oder Entwicklungsstörungen bedeutet eine Früherkennung immer eine erhöhte Behandlungschance. Solltest du Auffälligkeiten entdecken oder Ängste haben, ist der Kinderarzt die geeignete Ansprechperson und nicht das Internet! Ein Nichtbefolgen der U-Untersuchungen kann dazu führen, dass das Jugendamt bei euch auftaucht und nach dem Rechten sieht!

Genieße das erste Lebensjahr und schenke deinem Kind viel Liebe und Zeit mit dir. Ein sicheres und geborgenes Zuhause – viel mehr brauchen Babys nicht, um sich prächtig entwickeln zu können.

TIPPS & TRICKS

- Bindung herstellen ganz nebenbei: Beim „Fläschchengeben" kannst du von Beginn an mitmachen. So wirst du wesentlich schneller eine Bindung aufbauen.
- Mit Körperkontakt schläfts sich besser: Stell im ersten halben Jahr beim Einschlafen Körperkontakt zum Baby her. Im Bauch war es eng und warm. Trage also dein Kind ruhig im Arm umher, bis es eingeschlafen ist, oder lass dir von der Hebamme zeigen, wie man ein Baby puckt, also fest einwickelt.
- Denk daran: Statt dein Baby mit Decke und Kopfkissen zuzudecken, nutze im ersten Jahr ausschließlich einen Schlafsack, um das Risiko des plötzlichen Kindstods zu verringern.
- Sicherheit für mobile Babys: Achtung, spätestens wenn das Kind beginnt sich zu drehen, darfst du dein Kind niemals erhöht ablegen und es alleine lassen, da es sonst runterfallen kann! Du solltest beim Wickeln oder in ähnlichen Situationen immer zumindest eine Hand am Kind haben.
- Nachhelfen – Ja oder Nein? Natürlich darfst du Hilfestellung leisten und dich als Objekt zum Hochziehen anbieten. Setz dein Kind aber bitte nicht von dir aus und mit Unterstützung von Kissen oder anderen Mitteln einfach hin, wenn es die Position noch nicht aus eigenen Stücken einnehmen kann (auch wenn Kinder das zu wollen scheinen.).

Zweites Lebensjahr (1 bis 2)

Mit Beginn des zweiten Lebensjahres, also rund um den ersten Geburtstag, läuft dein Kind und fängt an, die ersten Wörter zu sprechen. Spätestens ab diesem Zeitpunkt ist es auch um uns Männer geschehen. Solltest du nach einem Jahr immer noch keine Bindung zu deinem Kind aufgebaut haben, solltest du in Erwägung ziehen, zu einem Arzt zu gehen. Oftmals haben Väter, die selber eine schwierige Kindheit hatten, Probleme, Liebe zu empfinden und weiterzugeben. Hier ist der Schritt dann dringend notwendig, sich professionelle Hilfe zu holen. (Wir haben viele Väter in unserer Gruppe, die genau das machen mussten und denen das Thema peinlich ist. Sollte dies bei dir der Fall sein, komm zu uns in die Gruppe und lass dir von anderen Vätern in gleicher Situation helfen.)

Die Persönlichkeit deines Kindes

Die Aufregungen des ersten Lebensjahres legen sich nun etwas, dafür beginnt für viele Kinder (und Eltern) das Thema Kindergarten. Auch endet die bezahlte Elternzeit, sodass nun erneut ein veränderter Alltag einsetzt. Das eine oder andere Paar hat es vielleicht auch nicht gemeinsam geschafft und mancher Papa hat nun das Kind auch zeitweise alleine bei sich, da es nicht mehr gestillt werden muss.

So oder so, ein neuer Abschnitt beginnt. Im zweiten Lebensjahr prägt sich der Charakter deines Kindes Das Gute ist, dass dein Kind von nun an immer klarer artikulieren kann, was es möchte und was nicht. Jetzt beginnt aber auch die Erziehung deines Kindes. Dein Kind begreift immer besser, was richtig und falsch ist und lernt aus Fehlern. Dennoch musst du noch eine ganze Weile aufpassen.

Der eigene Wille. Teil I

Die Wissenschaft ist sich nicht einig, inwieweit der eigene Wille angeboren ist und wie viel Einfluss die Erziehung bzw. die äußeren Umstände auf diesen hat. Ich glaube, dass man den eigenen Willen nur zu Teilen beeinflussen kann.

Mein jüngster Sohn ist drei Jahre alt und ein Sturkopf. Bekommt er etwas nicht, testet er schnell seine Grenzen aus. Wir mussten hier sehr früh aufpassen, dass dieses Verhalten nicht ausartet. Ein Nein muss bei ihm auch wirklich ein Nein sein, und er beginnt jetzt schon, Mama und Papa gegeneinander auszuspielen. Bei meinem ersten Sohn war das überhaupt nicht notwendig. Es gibt also meiner Meinung nach nur die Möglichkeit, Weichen zu stellen, aber nicht die Möglichkeit, jeden Schritt vorzugeben. Jedes Kind ist verschieden und zeigt von früh an sein ganz eigenes, angeborenes Temperament. Was bei einem Kind ganz einfach war, ist beim nächsten schwierig. Das bedeutet, dass ihr eure Erziehungsmethoden im gewissen Maß dem Kind anpasst.

Bewusst erziehen – mit Konsequenz

Erziehung beginnt ab sofort und ihr solltet euch mit der Mama absprechen, welche Grundpfeiler euch wichtig sind. Klären solltet ihr vor allem, wie Konsequenzen bei euch aussehen. Dass in unserer heutigen Zeit jegliche Form von Gewalt (verbale Aggression, aber auch der Popo-Klaps) nicht zur Erziehung gehört und verboten ist (Jedes Kind hat das Recht auf eine gewaltfreie Erziehung), brauche ich hier nicht weiter zu erwähnen. Dennoch muss dein Kind Grenzen lernen. Diese Grenzen sollten bei Mama und Papa im Idealfall die gleichen sein. Problematisch wird es besonders bei Trennungskindern, da hier oftmals jedes Elternteil seinen Erziehungsstil anwendet und es kaum Absprachen diesbezüglich gibt.

Als wichtigsten Tipp kann ich euch nur mit auf den Weg geben: Seid konsequent. Versetzt euch mal in die Lage eines Kindes. Ihr möchtet einen Bonbon haben, und Papa sagt Nein. Nun bittet und bettelt ihr und fangt an zu weinen und Papa sagt Ja und ihr erhaltet den Bonbon. Papa hat aber auch gesagt: „Nur ausnahmsweise". Ausnahmsweise … was für ein komisches Wort. Was bleibt bei euch hängen? Ich will etwas haben, es wird Nein gesagt, dann muss ich nur bitten, betteln, weinen, zornig sein (jedes Kind findet hier den roten Knopf, um seinen Papa zu erweichen) … und bekomme es. So ist der Lerneffekt und bei der nächsten Situation wird genau dasselbe Verhaltensmuster eingesetzt. Das sind Urinstinkte in uns und Verhaltensmuster, die auch im Tierreich auftauchen (Hundebesitzer werden Analogien erkennen).

Wenn ihr also eine Grenze zieht und diese dann „ausnahmsweise" widerruft, versteht euer Kind das nicht. Es muss lernen, dass ein Ja ein Ja ist und ein Nein ein Nein. Wenn dein Kind älter wird, kannst du in ein Gespräch mit ihm gehen. Bitte verfalle nicht dem Fehler und diskutiere mit deinem zwei- oder dreijährigen Kind. Sie sind noch zu jung, um Argumente nachzuvollziehen. Erkläre deine Entscheidung kurz, aber führe keine Grundsatzdiskussion.

Gesundheit und körperliche Entwicklung

Kinder sind im ersten und zweiten Lebensjahr oft erkältet oder haben häufig, teilweise hohes, Fieber – und das oftmals mitten in der Nacht und überraschend. Das Immunsystem des kindlichen Körpers muss sich noch vollständig entwickeln.

Natürlich können schwerwiegende Gründe wie z. B. Verschlucken von Kleinteilen einen Krankenhausbesuch notwendig machen.

Und bitte, hört auf, bei solchen Themen ins Internet zu gehen und in irgendwelchen Foren nachzufragen, was ihr machen sollt. Bei

40 °C Fieber fahrt ihr ins Krankenhaus. Zu 99 Prozent wird es nicht Schlimmes sein, aber das wird keiner aus dem Netz mittels Ferndiagnose beurteilen können.

Das Thema Sprache und Sprechen lernen ist im zweiten Lebensjahr das zentrale Thema der Entwicklung (Siehe auch Sprechen lernen im nachfolgenden Kapitel).

Ebenso stärkt der Körper aber seine motorischen Fähigkeiten. Muskeln werden aufgebaut, die Hand-Augen-Motorik beginnt zu funktionieren und die Beine bereiten sich aufs Laufen vor. Daher solltest du einmal schauen, ob es bei euch in der Nähe eine Krabbelgruppe oder andere Möglichkeiten gibt, bei denen das Kind sich möglichst vielfältig bewegt. Viele Kinder mögen das Wasser, wird es früh daran gewöhnt, tut es sich mit dem Schwimmenlernen später leichter.

Drittes Lebensjahr (2 bis 3)

Dein Kind ist nun zwei Jahre alt und im dritten Lebensjahr. Die Verständigung klappt wahrscheinlich schon ganz gut und die ersten vollständigen (kurzen) Sätze werden gebildet.

Euer Alltag ist gut eingespielt. Die Entwicklungssprünge gehen nun so langsam vonstatten, dass sie nur noch denen auffallen, die dein Kind nicht so häufig sehen. Du selber, der das Kind jeden Tag sieht, wirst manches gar nicht so bewusst mitbekommen. So langsam zeichnet sich auch der Entwicklungsstand deines Kindes ab und bei den entsprechenden U-Untersuchungen wird bei einem eventuellen Rückstand in der Entwicklung über entsprechende Förderungsmaßnahmen gesprochen. Denn Auffälligkeiten in der Entwicklung werden sich immer weniger „auswachsen“. Ist das Kind im ersten oder zweiten Lebensjahr außerhalb der „Norm“, so wird von den Ärzten meist abgewartet. Ab dem dritten Lebensjahr ist es immer unwahrscheinlicher, dass sich gewisse Verzögerungen mit der weiteren Entwicklung einfach geben.

Zum Ende des zweiten Lebensjahres steigen viele Kinder im Kindergarten auch von den ganz Kleinen zu den Großen auf. Von den großen Kindern werden dann viele Dinge übernommen, auch vieles, was dir nicht gefallen wird, aber das gehört in dieser Phase dazu. Bringt dein Kind nun also genau die Ausdrücke mit nach Hause, die du immer vermieden hast, bleib ruhig. Es wird kaum den Sinn verstehen, was es da sagt, es gibt nur wieder, was es gehört hat. Vielleicht kommt das aber erst im vierten Lebensjahr auf dich zu.

Besonderheiten im dritten Lebensjahr

Dein Kind versteht nun immer mehr, was Recht und Unrecht ist und entwickelt sein soziales Verhalten weiter. Du selbst bzw. ihr solltet nun also das vorleben, was ihr vermittelt.

Tischmanieren werden nun gelernt und auch die Motorik kann und sollte gefördert werden. Gabel, Messer, Löffel, Schere, mit all diesen Dinge lernt das Kind nun umzugehen – und du solltest es lassen. Wir nehmen in Kauf, dass vieles danebengeht und dein Kind muss lernen dürfen. Unterstütze und fördere dein Kind in dieser Phase der Entwicklung. Und vor allem motiviere es. Viele Kinder geben schnell auf, wenn etwas nicht beim ersten Mal klappt. Zeige deinem Kind, dass es nicht schlimm ist, mehrere Anläufe zu benötigen und dass es sich lohnt, etwas öfter zu probieren, bis es gelingt.

Vorbild sein

Dein Kind lernt vom Zuschauen. Wie du dich anderen Personen gegenüber verhältst, wird für dein Kind zur Vorgabe, wie man sich zu verhalten hat. Hältst du relativ wenig von Manieren, kannst du nicht erwarten, dass dein Kind welche an den Tag legt. Dein Kind versteht noch nicht, dass und warum du Dinge anders machst als es selbst. Aber es wird von dir beeinflusst.

Machst du viel Sport und nimmst dein Kind mit, kann es dazu führen, dass es selber die Begeisterung dafür entdeckt.

Hängst du den ganzen Tag nur vor dem PC, Handy oder Fernseher und beschäftigst dich nicht mit deinem Kind, dann wird dies Konsequenzen in der Entwicklung und in eurer Beziehung haben. Da wir aber beim Thema sind: Eltern sind keine Animateure. Es bedeutet also nicht, dass du dein Kind rund um die Uhr bespaßen musst. Kinder müssen auch lernen, sich selber zu beschäftigen und sie müssen auch erfahren, was Langeweile ist.

Bewegungsdrang

Irgendwann lernen alle Eltern diesen Moment kennen: Das Kind stellt die Bude auf den Kopf, da es einfach nicht ausreichend ausgelastet ist. Es hat sich sprichwörtlich nicht genug bewegt. Ab dem dritten Lebensjahr bis ins Schulalter hinein haben die Kinder eine unheimliche Energie. Der Körper arbeitet auf Hochtouren und braucht viel Energie, um zu wachsen und sich zu entwickeln. Damit Muskeln sich aufbauen können, Bewegungsabläufe perfektioniert und motorische Fähigkeiten trainiert werden, zwingt der Körper das Kind quasi zum Bewegen.

Kann sich also dein Kind aus irgendwelchen Gründen dem Bewegungsdrang nicht hingeben, wird es hibbelig, unruhig und fängt vielleicht an, Quatsch zu machen. So blöd es klingt, da hilft es nur noch, einmal vor die Tür zu gehen und deinem Kind Bewegung zu ermöglichen. Und ja – auch im Regen und im Schnee, solange die

Witterungsverhältnisse nicht gefährlich sind, heißt es ab raus in die Natur oder zumindest vor die Tür.

Sollte das Wetter wirklich keine langen Aufenthalte draußen ermöglichen, bieten sich Indoorspielplätze oder ganz klassisch die Schwimmhalle an. Und seien wir mal ehrlich, uns tut die Bewegung auch ganz gut – vielleicht sollen wir uns etwas vom Bewegungsdrang des Kindes anstecken lassen.

Auch Sportvereine sind eine gute Option. Die ersten Bambini-Sportgruppen fangen ab dem dritten Lebensjahr an. Zwar muss man hier noch teilweise selber mitmachen oder das Kind begleiten, aber der Grundstein für sportliche Aktivitäten ist gelegt. Wichtig ist bei allem, überfordere dein Kind nicht und achte auf die Zeichen deines Kindes.

TIPPS & TRICKS

- Feinmotorik-Training vom Feinsten: Dein Kind möchte gerne mit einer Schere schneiden? Es gibt spezielle Kinderscheren, die ihr nutzen könnt. Vielleicht richtet ihr in einer Kommode eine Bastelstation ein. In diese packt ihr alte Zeitungen, Papier, Tesafilm und die Kinderschere. Nun kann dein Kind die alten Zeitungen zerschneiden und auf das Papier kleben.
- Drinnen den Bewegungsdrang ausleben: In der Wohnung ist das Austoben nicht immer einfach, besonders dann nicht, wenn man Nachbarn hat. Dennoch: Tobe mit deinem Kind im Bett, baut euch im Wohnzimmer einen Hindernis-Parcours mit Alltagsgegenständen oder tanzt mit den Kleinen zum neuesten Musikvideo vor dem TV.
- Die richtige Sportgruppe für dein Kind: So erkennst du, ob dein Kind sich in der Gruppe wohlfühlt: Macht es deinem Kind Spaß, freut es sich auf den Termin, macht es aktiv mit, erzählt es nach dem Kurs davon? Wenn du alles mit Ja beantworten kannst, ist es genau das richtige Angebot für dein Kind.

Viertes Lebensjahr (3 bis 4)

Der eigene Wille Teil II

Die Bilder eines auf dem Boden liegenden Kindes im Supermarkt, das schreit und stampft, weil es nicht bekommen hat, was es wollte, ist sehr wahrscheinlich durch Kinder im vierten Lebensjahr geprägt worden. Selbst wenn du schon früh mit der Erziehung begonnen hast, ist das keine Garantie dafür, dass alles so läuft, wie ihr euch das vorstellt. Wir müssen einfach akzeptieren, dass es das perfekte Kind nicht gibt und wir gewisse Dinge nicht beeinflussen oder vermeiden können.

Dennoch solltest du einen sehr genauen Plan haben, wie du bzw. ihr euer Kind erzieht. Dreh- und Angelpunkt ist eine konstante Linie. Denkt vor allem nicht wie Erwachsene, sondern wie ein Kind. Ja und Nein, Konsequenz und keine Konsequenzen, das sind die vier Punkte, die dein Kind verarbeiten kann. Und ja – dein Kind wird testen, viel testen, wie weit es gehen kann, was passiert, wenn es sich einmal so verhält und einmal so. Das Ergebnis dieser Tests wird maßgeblich dazu beitragen, wie es sich in den nächsten Monaten verhalten wird. Du solltest dir also vorher schon extreme Situationen ausmalen und mit deiner Partnerin besprechen, wie ihr in diesen Situationen handeln wollt. Das kann das Auf-den-Boden-Werfen im Supermarkt sein oder das plötzliche Hinsetzen auf der Straße und die Weigerung, mitzukommen. Lieber bist du auf eine solche Situation vorbereitet, die vielleicht niemals eintritt, als unvorbereitet zu sein. Denn wenn du erst mittendrin beginnst zu überlegen, wie du handeln willst, wirst du es schwerer haben.

Papa, ich habe Angst

Ungefähr ab dem vierten Lebensjahr oder später erfahren die Kinder bewusst, was Angst ist. Natürlich können sie sich schon früher ängstigen und sich so verhalten, aber nun beginnen sie, es zu verstehen und sprechen vielleicht darüber.

Dabei sind die Ängste ganz unterschiedlich und richten sich fast immer am Erlebten. So kann es bei einem Kind, in dessen Umkreis ein Verwandter gestorben ist, das Thema Tod sein, aber auch ein Monster in einem Zeichentrickfilm kann auf einmal zu abendlichen Einschlafstörungen führen. Das Gute ist, dass dein Kind nun sehr wahrscheinlich schon mitteilen kann, wovor es Angst hat.

Denkt bitte unbedingt daran, dass es ein Kind, ein kleines Kind ist. Versucht also kindgerecht mit ihm zu sprechen. Dein Kind sollte eine Kindheit ohne Angst erleben. Viel zu früh erleben wir die Welt mit all den Problemen, Sorgen und Nöten.

Wachstumsschübe werden weniger

Die Zeit, in der wir gefühlt jeden Monat neue Kinderkleidung kaufen mussten, ist so gut wie vorbei. Die Wachstumsschübe werden nun viel seltener und dauern länger. Doch sollte regelmäßig überprüft werden, ob die Sachen noch passen. Viele Eltern bekommen gar nicht mit, dass diese kürzer und kürzer werden, weil das Wachstum jetzt nicht mehr „raketenartig“ geschieht.

Auch sollte das Thema Windelfrei nun auf der Agenda stehen – falls noch nicht geschehen. Im vierten Lebensjahr können die Kinder ohne Weiteres schon komplett ohne Windel sein und sollten dahingehend auch ermutigt werden – trotz immer noch vorkommender Missgeschicke. Das nächtliche Einpullern kann noch längere Zeit passieren.

Euer Kind entwickelt nun aber auch das Gefühl der Scham. Es wird ihm also peinlich sein. Bitte tut eurem Kind einen Gefallen und schimpft nicht, wenn es eingepullert hat. Das Schimpfen übt seelischen Druck auf das Kind aus und kann, wenn ihr Pech habt, alles nur noch schlimmer machen. Eurem Kind ist es sehr wahrscheinlich schon unangenehm genug und es pullert nicht absichtlich ein! Es ist ein körperlicher und seelischer Prozess. Schau dir auch dazu das Kapitel Trockenwerden im Buch an.

Scham und Peinlichkeit

Hat dein Kind etwas, was nicht der „Norm" entspricht? Egal ob es etwas Körperliches, Geistiges und/oder eine Verhaltensweise ist, euer Kind wird sich dieser Abweichung von der Norm mehr und mehr bewusst. Kinder sind gnadenlos, immer dann, wenn sie eine Abweichung der Norm sehen, wird es für sie interessant und sie „stochern" genau in diesem Punkt herum. So soll ich, als ich mit vier Jahren in Berlin in der U-Bahn saß und ein Punker mit bunten Haaren und dem „Hahnenkamm" als Frisur einstieg, laut gerufen haben: „Schau mal Mama, da kommt ein Hahn!"

Dein Kind sollte lernen, mit Abweichungen von der Norm umzugehen und erfahren, dass es eben vollkommen normal und o.k. ist, nicht der Norm zu entsprechen – bei sich selbst wie bei anderen.

Peinliche, schambesetzte Situationen können sehr prägend und einschneidend sein. Es ist also wichtig, dass ihr eurem Kind den Druck nehmt, dass etwas Peinliches schlimm sein soll. Der beste Weg dafür ist es, dein Kind zu einem selbstbewussten Individuum heranzuziehen und liebevoll an der Seite deines Kindes zu stehen.

TIPPS & TRICKS

- Daran erkennst du, dass dein Kind testet: Plötzlich werden alltägliche Dinge wie Schuhe anziehen, essen und das Zähneputzen nicht mehr widerspruchslos gemacht, sondern hinausgezögert, vergessen, mit der Warum-Frage belegt. Nein ist das neue Lieblingswort? Herzlichen Glückwunsch – dein Kind testet seine Grenzen aus!
- Wie reagierst du bei …? Auch wenn schon 100 Mal angesprochen und gehört, konsequent handeln ist die wichtigste Botschaft. Dein Kind setzt sich auf der Straße auf den Boden und du tendierst in der Erziehung zum Aussitzen? Dann setz dich daneben und warte, bis das Kind ausgebockt hat. Dein Erziehungsstil ist konsequentes Agieren? Dann nimm dein Kind vom Boden auf den Arm und nimm es mit. Wichtig: Euer Handeln darf keine Belohnung darstellen, sondern muss das sein, was ihr vorher angekündigt habt!
- Konkrete Hilfen im Umgang mit Angst: Wenn dein Kind Ängste entwickelt, nimm sie deinem Kind. Sag ihm, dass Papa (und Mama) immer aufpassen wird und sich die Geister (oder wovor dein Kind Angst hat) gar nicht hertrauen würden. Mama und Papa sind für ein Kind der Fels in der Brandung und so dürft ihr euch auch gerne verkaufen. Auch eine erfundene Geschichte von einem Kuscheltier, das magische Schutz- und Zauberkräfte hat, ist völlig legitim, wenn es deinem Kind die Angst nimmt.

Fünftes Lebensjahr (4 bis 5)

Die U-Untersuchungen sind so gut wie abgeschlossen und dein Kind befindet sich in der Schlussphase des Kleinkindalters. Im fünften Lebensjahr wird das Thema Schule für viele Kinder präsenter. Der Wechsel in die Vorschule steht vielleicht im nächsten Jahr an, oder die Schule der älteren Geschwister wird auf einmal interessant.

Tolles Lebensjahr für spielerisches Lernen

Das Alphabet, die Zahlen, Rechnen und vielleicht sogar schon den Namen schreiben – all das wird für dein Kind gerade interessant. Noch ohne den Druck der Vorschule/der Schule kann dein Kind jetzt spielerisch lernen. Wie bei allem anderen wird hier durch das Wiederholen gelernt. So könnt ihr beispielsweise das ABC singen, wenn ihr mit eurem Kind im Auto unterwegs seid. Macht ihr das oft genug, singt euer Kind irgendwann mit. Es gibt Teppiche, Spielzeug, Karten und vieles mehr, mit dem euer Kind Zahlen und Buchstaben spielerisch erforschen kann. Beobachtet, was eurem Kind Spaß macht und fördert das. Erzwingen müsst ihr nichts.

Auch das abendliche Vorlesen sollte von nun an mit zum Ritual gehören. Wenn ihr schon früher damit begonnen habt, umso besser, aber ab diesem Lebensjahr sollte das Vorlesen auf jeden Fall dazugehören. Die Sprachsicherheit wird beim Lesen durch das Zuhören gesteigert und euer Kind lernt automatisch Dinge wie Betonung und Pausen beim Lesen kennen.

Kreativität, Musik und Sport fördern

Dein Kind wird sehr wahrscheinlich Vorlieben entwickeln. Der eine ist künstlerisch veranlagt, der andere musikalisch oder sportlich oder etwas ganz anderes. Hier gilt es, dein Kind zu unterstützen und vorsichtig(!) zu fördern. Ein Talent erzwingen zu wollen, das kann funktionieren, aber auch einen kleinen Menschen kaputtmachen. Gebt eurem Kind die Möglichkeit und fördert es, aber erzwingt nichts.

Ich habe durch meine Kinder schon viele Sportvereine kennengelernt und schlussendlich ist der Große beim Fußball hängengeblieben. Doch nicht, weil ich es wollte, sondern weil ihm andere Dinge wie Judo, Handball und Co. einfach nicht in dem Maß gefallen haben.

Faktoren wie Erreichbarkeit und Kosten spielen ebenso eine Rolle. Wichtig ist, dass wir gerade in unserer heutigen medialen Zeit, wo viele nur noch an den elektronischen Spielgeräten sitzen, dem Kind die Chance geben, seine Talente zu entfalten.

Änderungen im Verhalten deines Kindes

Um das vierte Lebensjahr ändert sich das Verhalten deines Kindes oft grundlegend. Ein sehr lautes Kind wird auf einmal leise, ein Papakind zum Mamakind, ein aufgeschlossenes wird verschlossen. Diese starke Wesensveränderung verunsichert viele Eltern, ist in der Regel aber völlig normal. Stellt euch vor, wie viele Eindrücke die kleinen Racker jeden Tag zu verarbeiten haben. Das Gehirn und der Körper waren in den ersten Jahren auf Hochleistung getrimmt und mit Wachsen und Ausbauen beschäftigt. Nun tritt langsam die Prägung hervor, die individuelle Art und Weise, wie das Kind Informationen verarbeitet und darauf reagiert und das Wesen des Kindes tritt in den Vordergrund. Bei negativen Wesensveränderungen, wenn ein Kind zum Beispiel aggressiv oder besonders rücksichtlos wird, muss man entsprechend dagegen vorgehen und Maßnahmen ergreifen. Allein die Tatsache, dass eine starke Veränderung eintritt, ist nichts Besonderes oder beunruhigend.

Es kann vorkommen, dass dein Kind in dieser Phase sehr grob erscheint. Das macht es nicht böswillig oder mit Absicht, sondern dein Kind hat noch nicht gelernt, mit seinen neuen Kräften richtig umzugehen. Wenn ein Vier- oder Fünfjähriger zuhaut, drückt oder schubst, steckt eine gewisse Kraft dahinter, die es vor ein, zwei Jahren so noch nicht gab. Die Kinder müssen erst mitbekommen, dass a) sie immer stärker werden und b) dies im gleichen Atemzug bedeutet, beim Toben, Spielen und Raufen vorsichtiger zu sein. Tu dir und allen anderen (auch deinem Kind) von Anfang an einen Gefallen und lass grobe Aktionen nicht durchgehen.

Lernen ist ein Prozess

Nur das Wiederholen führt dazu, dass Gelerntes umgesetzt werden kann. Erwarte also nicht von deinem Kind, nur weil du etwas einmal gesagt hast, dass es sich das gemerkt hat und nun immer entsprechend handeln wird – so wie du es gerne möchtest. Du musst dein Anliegen immer und immer wieder ansprechen und ihm vermitteln und beobachten, ob sich etwas verbessert.

Einer meiner Söhne fing eines Tages beim Essen an zu schmatzen. Es hat Monate gedauert, das Verhalten wieder wegzubekommen und erforderte das immer erneute Ermahnen. Nach einigen Wochen fiel es ihm von alleine auf und irgendwann verschwand es fast komplett. In der Erziehung unserer Kinder dürfen wir nicht davon ausgehen, dass sie wie Erwachsene ticken. Wir brauchen im Umgang mit ihnen viel mehr Zeit und Geduld.

Und nehmt schwieriges Verhalten nicht persönlich. Das fiel mir in der geschilderten Situation zu Beginn wirklich schwer und ich ertappte mich, wie ich über das Schmatzen meines Sohnes richtig wütend wurde. Ich hatte es ihm vor nicht einmal zehn Minuten gesagt, wieso machte er es schon wieder?

Kinder haben ganz andere Prioritäten. Er hatte die Ermahnung verstanden und hingenommen, aber vielleicht war er mit den Gedanken schon wieder beim Spielen nach dem Essen, oder die Farbe des Tellers war gerade etwas, worüber er nachdachte und das Schmatzen kam automatisch wieder. Dieses ständige Wiederholen, ohne selber wütend und aufbrausend zu werden, ist es, was wir als Eltern lernen müssen. Dass ein Kind in dem Alter etwas absichtlich macht, erkennt man oft daran, dass es den Augenkontakt zu uns sucht und schaut, wie wir reagieren. Es will testen, was passiert, wenn. Alles andere läuft in der Tat ohne Absicht, automatisch, auch wenn wir das manchmal nicht glauben wollen.

TIPPS & TRICKS

- Rücksicht nehmen lernen: Wenn dein Kind haut, schubst, kratzt, beißt, dann zeige ihm sofort, dass es dir oder anderen wehtut. Rufe laut „Aua" und zeige dich erschrocken darüber, was dein Kind gemacht hat. Dies musst du etliche Male wiederholen.
- Vergewissere dich, dass dein Kind dich verstanden hat, wenn du ihm etwas sagst. Schatz, hörst du bitte auf zu ...? Ja, Papa! Schatz, womit sollst du aufhören? Bemerkst du, dass die Aufmerksamkeit deines Kindes auf etwas anderem liegt, dann musst du erst sicherstellen, dass es dir zuhört (Spielzeug kurz aus der Hand nehmen, Fernseher ausmachen).
- Lerne schon vor dem Start in die Schule mit deinem Kind das ABC und die Zahlen Null bis Neun. Wenn dein Kind großes Interesse zeigt, kannst du auch schon beginnen, es seinen Namen schreiben zu lassen oder Ähnliches.
- Bastelt und/oder malt viel. Auch Knete und andere Substanzen, die vor allem die Handmotorik und Kreativität fördern, sind nun eine tolle Möglichkeit, mit Spaß auf den bald bevorstehenden Vorschul-/Schulalltag vorzubereiten.

Sechstes Lebensjahr (5 bis 6)

Mit dem sechsten Lebensjahr endet die Kleinkindphase. Die Vorschule bzw. Vorbereitung auf die Schule im nächsten Lebensjahr beginnt und die Kindergartenzeit endet, denn ab dem nächsten Lebensjahr beginnt die Schulpflicht. Sollte dein Kind bisher ausschließlich zu Hause betreut worden sein, so sollte es spätestens jetzt den Umgang in einer größeren Gruppe lernen und nicht erst zu Beginn der Schule. Der Schulbeginn ist ein großes, einschneidendes Erlebnis in der Entwicklung des Kindes, es wäre unvorteilhaft, wenn es erst lernen müsste, sich in einer größeren Gruppe zurechtzufinden und mit ihr einen Großteil des Tages zu verbringen.

Schulreife: körperliche und geistige Untersuchung

Von Amtswegen findet vor der Einschulung eine körperliche und eine Untersuchung der emotionalen und geistigen Entwicklung statt. Auf dieser Grundlage wird eine Empfehlung ausgegeben, ob dein Kind eingeschult werden kann oder noch lieber ein Jahr zu Hause bleiben soll. Spricht sich die Empfehlung nicht für eine Einschulung deines Kindes aus, kann dies dennoch getan werden, wenn die Schulleitung sich für die Einschulung entscheidet. Gute Schulen sprechen mit den Eltern und stimmen das Vorgehen gemeinsam ab. Mir sind aber viele Fälle bekannt, wo das Kind eingeschult wurde, obwohl Eltern und ärztliche Untersuchung die Einschulung um ein Jahr verschieben wollten. In diesen Fällen kommt immer wieder der Verdacht auf, dass die Einschulung an Quoten gebunden ist und gibt es noch freie Plätze, diese eben auch „zwangsweise" besetzt werden.

Lernen, loszulassen

Je nachdem, wie lange dein Kind bisher alleine sein musste, kann es nun für dich an der Zeit sein zu lernen, deinem Kind mehr und mehr Eigenständigkeit zuzutrauen. Gerade wir Väter packen unsere Kinder gerne in Watte. In der Vorschule und später in der Schule und im Hort gibt es diese Watte aber nicht mehr. Die Kinder werden nicht mehr so engmaschig betreut wie noch im Kindergarten, und die Aktionen der Kinder, mit denen sie sich beschäftigen, werden auch immer herausfordernder.

Da wir für unser Kind nicht Tag und Nacht da sein können, müssen wir lernen, ihnen mehr zuzutrauen. Gerade das sechste Lebensjahr ist dafür eine ideale Zeit. Dein Kind versteht, was Gefahr bedeutet, auch wenn es diese nicht immer richtig einschätzen kann. Unsere Aufgabe ist es, sie vor Gefahren zu warnen, aber auch Fehler zuzulassen. Lieber soll dein Kind beim Klettern von einem 1,50 Meter hohen Baum in deinem Beisein fallen, als in einem Jahr auf die Idee kommen, alleine auf einen drei Meter hohen Baum zu klettern.

Ebenso sollte dein Kind nun am Straßenverkehr zusammen mit dir aktiv teilnehmen z. B. mit dem Fahrrad. Wenn es später alleine zur Schule läuft oder mit dem Fahrrad fährt, solltet ihr das im Vorfeld mehrfach geübt haben. Auch hier ist Wiederholung das Zauberwort. Verbinde deinen Alltag mit der Verkehrserziehung. Wenn ihr an einem Unfall vorbeikommt, sprecht drüber. Sage ihm, dass hier wohl einer nicht aufgepasst hat (ob das nun stimmt oder nicht, tut nichts zur Sache). Solche Aussagen verstehen die Kinder.

Unsere Kinder alleine losziehen zu lassen ist aber nie leicht. Wir werden niemals alle Gefahren beseitigen können, wir können unsere Kinder nur auf die Gefahren vorbereiten.

Kostet die Zeit vor der Einschulung noch einmal aus

Nehmt euch die Freiheit, noch frei planen zu können, das fängt mit dem Urlaub an. In den nächsten Jahren wird der Familienurlaub nur in der teuren Hauptsaison möglich sein. Möchtet ihr also Land und Leute abseits der Ferienzeit erleben, ist jetzt das perfekte Lebensjahr. Plant auch rechtzeitig die Einschulungsfeier, bedenkt, dass an diesem Tag eine Menge Eltern in eurer Umgebung feiern wollen und ggf. Restaurants etc. früh ausgebucht sind. Auch ist der Einkauf von Schulmaterialien kurz vor der Einschulung meist teurer als ein halbes Jahr davor.

Mach deinem Kind keine Angst vor der Schule. Manchmal sagen wir zu den Kindern etwas, ohne uns darüber Gedanken zu machen, was das bewirkt. Immer noch kann man den Spruch hören, dass mit der Schule der Ernst des Lebens anfängt. Mit solchen Äußerungen fördern wir nicht die Vorfreude auf die Schule und Lust am Lernen. Wir sollten diese nicht unabsichtlich sabotieren oder unseren Kindern gar Angst davor machen.

Dein Kind bekommt eventuell mit, dass es kaum noch seine bisherigen Freunde aus der Vorschule/Kindergarten um sich haben wird und neue Kinder kennenlernen muss. Für schüchterne Kinder ein wirkliches Problem. Dieses Lebensjahr steht somit vor allem im Zeichen der Vorbereitung. Dabei nehmen wir einen sehr wichtigen Teil ein, wenn nicht den wichtigsten. Unsere Aufgabe ist es, dass unser Kind den Übergang in den neuen Lebensabschnitt so sorgsam wie nur möglich vollziehen kann, und der Start beginnt im Jahr vor der Einschulung.

Genießt die gemeinsame Zeit, die ihr noch vor der Einschulung habt, und die Unbeschwertheit. In der Schulzeit wird es dann viele andere, mal kleinere, mal größere, Probleme geben. Die Zeit bislang war schon aufregend, aber ein Abschnitt schließt sich nun, und ihr könnt noch ein wundervolles, eher ruhiges Jahr mit eurem Kind genießen.

TIPPS & TRICKS

- Schulreife feststellen: Ob dein Kind in die Schule gehen muss, wird von der Schule und dir bestimmt. Die Untersuchungen im Schulamt sind eine Empfehlung, aber keine Verpflichtung. Schlussendlich hat das letzte Wort die Schule.
- Loslassen – Schritt für Schritt. Versuche dein Kind schon früh alleine Verantwortung übernehmen zu lassen. Das kann der Weg zum Bäcker sein, das selbstständige Bezahlen an der Kasse.
- Eigenverantwortliches Handeln prägt die Entwicklung des Kindes positiv, oftmals sind wir Eltern diejenigen, die es aus Angst unterbinden. In welchen Situationen fällt es euch schwer, euerem Kind etwas zuzutrauen? Tauscht euch gegenseitig als Eltern aus.
- Vermittelst du deinem Kind ausreichend Vorfreude auf die Schule? Falls nein, solltest du dies aber dringend ändern. Kinder, die sich auf die Schule freuen und dort positive Erfahrungen sammeln, haben eine deutlich bessere Entwicklung als Kinder, die aus einem Elternhaus kommen, in dem über die Schule negativ gesprochen wird. Selbst wenn du persönlich schlechte Erfahrungen in deiner Schulzeit gemacht hast, nimm deinem Kind nicht die Möglichkeit, positive zu sammeln.

SO BEGLEITEST DU DEIN KIND DURCH WICHTIGE PHASEN

Die gute Nachricht: Auch ohne deine Hilfe wird dein Kind laufen lernen, trocken werden und sich prächtig entwickeln, so ist es angelegt. Doch diese Lernschritte bedeuten konkret auch: Tränen, Frustration und Unsicherheit – für Kinder und Papas. Wer diese Hürden gut nimmt, hat es später leichter. Und was ist faszinierender, als seinem Kind beim Wachsen zuzusehen? Nimm dein Kind an die Hand – mit den richtigen Tipps werdet ihr gemeinsam Spaß haben.

Laufen lernen

Schon in den ersten Monaten geht es los: Die Vorbereitungen, um laufen zu lernen, beginnen früh mit dem ersten Abstützen der Beinchen. Von nun an ist dein Kind nirgends mehr „sicher“. Lege es nicht mehr ohne Beaufsichtigung auf die Wickelkommode, das Bett oder Sofa.

Viele Eltern möchten ihren Kindern auf die vielfältigsten Arten beim Laufenlernen behilflich sein. Das Angebot an Lauflernhilfen und Ähnlichem ist einladend. Doch sehr viele Angebote sind schädlich und oder gefährlich für dein Kind. So haben Tests z. B. durch die Stiftung Warentest gezeigt, dass nicht nur ein erhebliches Unfallrisiko besteht, sondern auch die Entwicklung des Kindes durch diese Geräte nachteilig verschlechtert wird. Eines sind sie ganz bestimmt: überflüssig. Dein Kind wird auch ohne solche Hilfsmittel laufen lernen.

Dennoch hast du eine Menge sinnvolle Möglichkeiten, deinem Kind beim Laufenlernen hilfreich zur Seite zu stehen.

Vom Krabbeln zum Laufen

Jedes Kind wird irgendwann vom Krabbeln ins Laufen übergehen. Lasst euch hier nicht verrückt machen, wenn andere Kinder eventuell schon früher damit beginnen. Viele Eltern glauben, dass es von besonderer Begabung oder Intelligenz herrührt, wenn Kindern etwas sehr früh können. Doch dies ist meistens nur biologischer Zufall und einfach dein Kind, das entscheidet, wann es so weit ist. Auch aus einem „Spätläufer“ kann ein hoch talentierter Sportler oder begabter Künstler werden. Wobei natürlich immer die Frage ist, ob dies der Ansporn und der Wunsch an unsere Kinder sein soll. Einem glücklichen und schönen Leben steht eine spätere Entwicklung gewisser motorischer Fähigkeiten sicher nicht im Wege. Wie schon beschrieben, würde der Kinderarzt euch irgendwann darauf hinweisen, sollte ein gesundheitlicher oder anderer schwerwiegender Grund für die Entwicklungsverzögerung vorliegen. Wenn dir also andere Eltern erzählen wollen, wie toll ihr Kind ist, weil es dies und das schon beherrscht, nicke freundlich und denke dir deinen Teil *smile*.

Nach oben: Hochziehen und Stehen

Dein Kind wird als ersten Schritt zum Laufen sich irgendwann an allem, was es zu greifen bekommt, hochziehen wollen. Dies ist eine gefährliche Zeit, in der du es im Auge haben musst. Achte bitte besonders auf:

- Tischdecken,
- Regale, die durch das Hochziehen umfallen könnten,
- Dinge, die über den Tisch ragen oder andere Flächen und Objekte, die dem Kind als eine Möglichkeit erscheinen könnten, sich hochzuziehen.

Eigenes Tempo erlauben

Dein Kind bestimmt das Tempo, wann es was macht, von sich aus. Das läuft ganz automatisch, sowie die Muskulatur und der Körper es zulassen und dafür ausgereift sind.

Gerne kannst du deinem Kind hilfreich zur Seite stehen, ihm einen Arm zum Hochziehen oder Festhalten anbieten. Aber bitte hebe dein Kind nicht hoch und/oder stell es einfach hin. Auch vermeide es, dein Kind aktiv nach oben zu ziehen. Wenn Kinder sich alleine hochziehen oder alleine stehen wollen und es noch nicht schaffen, trainieren sie damit ihre Muskulatur. Greifen hier übereifrige Eltern ein und bringen sie in eine Position, in die sie von sich aus noch nicht kommen, helfen sie ihrem Kind dabei nicht, sondern erreichen das

Gegenteil. Du nimmst deinem Kind damit die Momente zum Lernen und verzögerst eher die Entwicklung, als dass du helfen würdest.

Die ersten Schritte

Bitte gib deinem Kind keinen Laufwagen oder Ähnliches zur Seite. Lass dein Kind von sich aus die ersten Schritte machen und bleib einfach in der Nähe.

Ja – dein Kind wird hinfallen, oft, sehr oft. Aber solange die Wohnung sicher ist, wird in der Regel nichts weiter passieren. Die Natur hat uns Menschen mit allem ausgestattet, um uns instinktiv richtig zu verhalten. Das sehen wir gerade bei Kleinkindern. Oftmals weinen diese erst, wenn ganz aufgeregte Eltern herbeieilen und die Situation in ein anderes Licht rücken. Beobachtet man Kinder eher unter sich und hält sich zurück, erkennt man, wie sie sich aus Situation aufrappeln, in denen wir dachten, „Mensch, das muss doch wehgetan haben?“.

Hier lernen wir Eltern das erste Mal wirklich, dass wir auch loslassen müssen. Wir müssen dem Kind Vertrauen schenken und ihm ermöglichen, selber Fehler zu machen. Viele weitere dieser Situationen werden noch folgen.

Das Prinzip Loben

Ermutigung und Loben ist ein essenzieller Bestandteil für eine liebevolle und harmonische Erziehung. Sei Teil der Entwicklung deines Kindes und lobe es. Wenn es noch nicht so klappt, ermutige es, es erneut zu probieren. Was unsere Kinder wie machen, haben sie zu einem großen Teil von uns, weil wir ihre Vorbilder in den ersten Jahren sind und sie uns versuchen nachzuahmen.

TIPPS & TRICKS

- Gefahren erkennen: Begib dich auf die Höhe des Kindes, leg dich einmal auf den Boden. Schau dir die Wohnung aus dieser Perspektive an und du wirst jede Menge Gefahrenquellen identifizieren und vorab beseitigen können.
- Mein Kind, dein Kind: Die Entwicklung deines Kindes ist kein Wettbewerb. Lass dich also nicht auf Vergleiche ein, sondern belächle die Eltern, die es so sehen.
- Loben, aber richtig. Du wolltest schon immer so einmal richtig übertrieben loben? Dann mach das, wenn dein Kind etwas zum ersten Mal schafft. Alleine die Tonlage bewirkt, dass dein Kind merkt, etwas Tolles erreicht zu haben. Das animiert für weitere Heldentaten *smile*.
- Lieber passiv stützen als aktiv helfen: Biete dich deinem Kind als Greifstütze an und pass auf, dass es sich bei Stürzen nicht verletzen kann, aber lass dein Kind seinen Fortschritt im eigenen Tempo erleben.

Sprechen lernen

Einer meiner Lieblingsfilme ist „Hör mal, wer der spricht“. Ein Film aus der Sichtweise eines Kindes, was sich noch nicht durch Sprache verständigen kann, wobei wir als Zuschauer aber seine Gedanken hören. Wer ihn nicht kennt, er ist wirklich empfehlenswert. Würden wir die Gedanken des Kindes hören, wäre vieles nämlich verblüffend einfach, gerade in den ersten zwei Lebensjahren.

Sich mitteilen – Schreien ist auch nur eine Sprache

Als Baby lernt das Kind, indem es auf unsere Lippen schaut und auf Geräusche hört. Von den ersten Lauten über Vokale zum ersten Wort:

In den ersten zwei Lebensjahren wird sich Kauderwelsch zu richtigen verständlichen Wörtern formen.

Doch solange sich dein Kind nicht per Sprache mit dir verständigen kann, wird es dies durch Gestik, Mimik und eben auch durch Schreien tun. Schreien ist etwas Intuitives, im Kind verankert und nicht abzutrainieren. Dein Kind wird nicht dich verstehen, wenn du, völlig entnervt, es anbrüllst, es solle ruhig sein. Die Situation wird sich eher noch zuspitzen.

Schreiende Babys und Kleinkinder sind wohl das Schlimmste, was uns im ersten Lebensjahr erwartet. Für diesen Fall möchte ich euch etwas an die Hand geben, was uns die Hebamme beim ersten Kind vermittelt hat.

Wenn dein Kind schreit, hat es einen Grund. Dieser ist manchmal zu erkennen. Volle Windel, Hunger/Durst, Müdigkeit, erkennbare Krankheit wie Fieber. Oftmals erkennen wir aber den Grund nicht, und dann ist das Schreien des Kindes doppelt schwer zu ertragen. Wenn ihr also merkt, ihr seid mit den Nerven am Ende und könnt nicht mehr, legt das Kind für zehn Minuten sicher ab und verlasst den Raum. Tankt Luft und Energie und lasst lieber das Kind zehn Minuten schreien, als dass euch die Nerven durchgehen.

Das Schreien ist übrigens nicht nur für dich eine Belastung, sondern auch für dein Kind. Du solltest also die Gründe häufigen Schreiens abklären lassen. Bei meinem zweiten Kind war es so, dass durch die lange Geburt und den abschließenden Notkaiserschnitt sich Wirbel verrenkt hatten. Erst durch eine geschulte Behandlung in mehreren Sitzungen wurde es zunehmend besser, bis unser Sohn völlig normal und kein Schreikind mehr war. Auf diese Möglichkeit machte uns nicht unser Kinderarzt aufmerksam, sondern eine andere Mutter, die das Gleiche erlebt hatte.

Vorlesen – Lernen ganz nebenher

Von Anfang an solltet ihr das Vorlesen zum aktiven und festen Bestandteil in eurem Familienleben machen. Bei uns ist es ein fester Bestandteil des Zu-Bett-gehen-Rituals am Abend. Es gehört genauso dazu wie das Zähneputzen. Vorlesen fördert die frühkindliche Sprachentwicklung, fördert das Verständnis zur Sprache und hilft den Kindern später in der Grundschule beim Lesen.

Mit Kleinkindern, die gerade die ersten Wörter sprechen können, könnt ihr sogenannte Babybücher verwenden. Dort sind dem Baby meist bekannte Objekte abgebildet. Ihr zeigt auf einen Gegenstand und euer Kind muss sagen, was es da sieht. Ihr werdet schnell mitbekommen, was eurem Kind besonders gefällt und was nicht.

Viele Kinder mögen Routine. Konkret läuft es so ab: Am liebsten möchten sie immer die gleiche Geschichte oder das gleiche Buch. Das ist völlig normal und auch in Ordnung. Ihr solltet jedoch versuchen, ein, zwei Mal in der Woche ein neues Buch oder eine neue Geschichte mitaufzunehmen, sodass dem Kind wieder neue Impulse gegeben werden. Irgendwann wird eine Geschichte darunter sein, die die alte ablöst und zur neuen Lieblingsgeschichte wird.

Soll ich mein Kind korrigieren oder nicht?

Das ist eine der meist gestellten Fragen zum Thema in unserer Papa-Gruppe. Die Antwort ist ein Zwischending. Im Grunde sollte man ein Kind immer ermutigen und auch Erfolge erzielen lassen. Das bedeutet, sich nicht am kleinen, noch nicht geglückten Detail aufhalten, sondern die Entwicklung und Bemühung würdigen. Ziel ist es, die Kinder zu ermutigen und nicht zu demotivieren.

So ähnlich ist es beim Spracherwerb. Sagt dein Kind zum Beispiel „das Apfel“, korrigierst du nicht: „Das heißt der Apfel, mein Schatz“. Das wäre ein Tadel. Besser ist es zu sagen: „Der Apfel, sehr gut!“ Wir verbessern unser Kind durchaus, sodass es die Wörter richtig lernt, weisen aber nicht extra auf den Fehler hin und ermutigen es weiter. Das heißt, wenn dein Kind etwas richtig erkennt, aber falsch ausspricht, so sprichst du es danach einfach richtig aus, lobst aber, dass es den Gegenstand richtig erkannt hat.

Diese Phase zieht sich dann über mehrere Jahre und es kommen immer mehr Wörter und die Grammatik dazu. Im Vorschulalter gehen wir dann spätestens zum gezielten Korrigieren über. Das heißt, wir erklären unserem Kind, was genau falsch war und wie es richtig geht.

Wir sind das Vorbild

Wie bei vielen anderen Dingen auch orientiert sich das Kind in den ersten Jahren an uns als Vorbild. Sprechen wir also nachlässig und mit Fehlern, brauchen wir uns nicht zu wundern, dass unser Kind das nachahmen wird. Das gilt ebenso für Dialekt oder auch Zweisprachigkeit. Sofern möglich, sollte Zweisprachigkeit von Anfang an praktiziert werden. Viele Eltern teilen sich je eine Sprache zu. Der eine spricht nur die Sprache A und der/die andere dann Sprache B. Sprachentwicklung beginnt zu Hause!

Wichtig ist, dass wir selbst Lust am Sprechen haben. Unterhalten wir uns mit unserem Kind nicht, wird es das vielleicht übernehmen.

Spaß an der Sprache zu wecken gelingt durch drei simple Regeln:

- Zeige Aufmerksamkeit.
- Formuliere Sätze altersgerecht.
- Wende die positive Korrektur an (wie oben beschrieben).

Wir müssen uns immer wieder vor Augen führen, was unser Kind überhaupt schon begreifen kann – und was es überfordert. Ein dreijähriges Kind wird auf die Frage, was es im Kindergarten zu essen gab, vermutlich alles aufzählen, was es tagsüber gegessen hat oder nur das Nächstliegende nennen, was es gegessen hat. Ein siebenjähriges Kind wird gezielt das Mittagessen benennen können.

Je deutlicher wir selbst formulieren, desto leichter lernt das Kind zu unterscheiden.

Oder ein weiteres Beispiel für missverständliche Ansprache: Dein dreijähriges Kind hat am Tisch Messer und Gabel in der Hand und spielt mit dem Messer rum. Du sagst: Leg das jetzt hin! Dein Kind hört nicht und meint, es hätte nix falsch gemacht. Es versteht in dem Moment einfach nicht, was genau du meinst. Besser wäre also: „Lege das Messer auf den Tisch!"

Bitte oder kein Bitte?

Hier gibt es zwei Meinungen. Die eine nimmt an, dass dein Kind das Bitte als „Schwäche" auslegt. Solange ein „Bitte" dabei ist, gibt es ja noch Verhandlungsspielraum, es wird erst Ernst, wenn es weggelassen wird.

Die andere Meinung, die auch ich vertrete, ist, dass wir unseren Kindern gerade in der heutigen Zeit Höflichkeit und Respekt beibringen müssen und nur das von unseren Kindern einfordern können, was wir ihnen vorleben. Sagen wir Bitte, werden sie das von uns übernehmen. Außerdem lässt uns das Wörtchen Bitte noch die Möglichkeit, den Ton bei einem Konflikt später noch etwas anzuziehen, indem wir es entfallen lassen. Lasse ich das Bitte weg, wissen meine Kinder, jetzt wird es ernst. Dennoch befolgen sie zu 90 Prozent die Aufforderungen auch mit einem Bitte. Ich sehe das nicht als Schwäche, sondern als Vorteil.

Lob ist Lob und Kritik ist Kritik

Lob gezielt einzusetzen, ist nicht nur beim Spracherwerb, sondern auch in allen anderen Bereichen der Erziehung ein wunderbarer Schlüssel, um das Kind zu erreichen.

Spatz, das hast du toll vorgelesen, nur die Betonung müssen wir noch üben.

Das hört sich doch nach einem Lob an, oder? Dein Kind wird sich merken, ich habe schon wieder die Betonung falsch gemacht. Da hier Lob und Kritik vermischt wurden, bleibt nur die Kritik hängen.

Ein Lob muss ein Lob und die Kritik Kritik sein. Zwischen beiden muss etwas Zeit liegen. Auch hier achte darauf, ganz genau zu benennen, was wir loben. Ein „Hast du toll gemacht“ wird von einem Kleinkind nicht so verstanden wie ein ganz konkretes Lob.

Sprachprobleme erkennen

Sprachprobleme, die sich durchs ganze Kindesalter ziehen können, sind meist schon recht früh zu erkennen. So ist mein Großer von Anfang an mit einem Sprachfehler großgeworden, den selbst drei Jahre Behandlung nicht zu 100 Prozent beseitigen konnten. Aber er wurde im Lauf der Zeit auf ein Minimum reduziert und ist für Außenstehende kaum noch wahrzunehmen. Wichtig sind hier das frühe Erkennen und Behandeln. Wenn ihr euch also unsicher seid, geht zum Arzt und lasst es abklären. Wartet nicht erst auf die nächste U-Untersuchung oder gar auf die vorschulische Untersuchung.

TIPPS & TRICKS

- Mit Schreien umgehen. Schreien ist meist eine Form der Überforderung. Nicht nur bei Kindern, sondern auch bei uns. Wenn unser Kind beginnt, uns anzuschreien, fühlt es sich meist in die Ecke gedrängt. Schreien ist also auch nur eine Ausdrucksform. Versuche also, ruhig zu bleiben und es als das anzusehen, was es ist. Dein Kind weiß sich in der Situation nicht anders zu helfen.
- Auffordern – so kommt es beim Kind an: Eine Frage ist keine Aufforderung, aber wie oft ertappen wir uns dabei, dass wir eine Aufforderung als nett gemeinte Frage formulieren wie „Wollen wir jetzt heimgehen?" und wundern uns, wenn das Kind nicht wie gewünscht reagiert. Formulieren wir gleich eine klare Aufforderung, gibt es keine Missverständnisse.
- Altersgerecht ansprechen: Bei den Jüngsten sollten die Fragen kurz, auf einen Punkt konzentriert und zeitlich definiert sein. „Was gab es heute zu Mittag" anstatt „Was gab es zu essen", wenn du dein Kind aus der Kita abholst. Bei den Dreijährigen können die Fragen schon umfangreicher und auch der erinnerte Zeitraum länger sein. Aber: Eine Aufforderung wird als Aufforderung verfasst und nicht als Bitte. Also: Kannst du mir mal bitte die Butter geben, kann, muss aber nicht bei einem Dreijährigen funktionieren. „Gib mir bitte die Butter" ist daher die bessere Wahl. Mit fünf oder sechs Jahren wird dein Kind eine Aufforderung als Bitte formuliert verstehen und befolgen.

Nuckel entwöhnen

Der einfachste Weg, den Nuckel abzuschaffen, wäre sicher erst gar keinen Nuckel anzugewöhnen. Grundsätzlich ist jeder Nuckel an sich suboptimal. Egal wie kieferfreundlich sie angeblich sein sollen, die Gefahr einer Kieferfehlbildung und oder Zahnfehlstellungen ist bei jeder Art von Nuckel gegeben. Nuckel sollten also immer nur dann eingesetzt werden, wenn es sein muss und sie keine Selbstläufer werden.

Bei meinem ersten Sohn hatten wir das Glück, dass er gar keinen Nuckel wollte. Beim zweiten hatten wir keine Wahl. Nach der Geburt kam er auf die NEO-Station. Hier hatte er den Nuckel schon auf der Station bekommen, und wir hatten wirklich Probleme, den Gebrauch des Nuckels wieder abzutrainieren.

Was bewirkt der Nuckel eigentlich?

Der Nuckel beruhigt die Kinder. Die Gründe dafür sind vielfältig und unterscheiden sich, je nachdem, welche Literatur man gerade durchblättert.

Zugegeben, der Nuckel kann uns in vielen Situationen das Leben als Elternteil leichter macht. Dennoch ist die gesundheitliche Gefahr einfach nicht zu unterschätzen. Gerade Dauernuckeln während der Nacht sollte möglichst schnell entwöhnt werden oder man sollte ihn zumindest nach dem Einschlafen rausziehen.

Wie bekomme ich ihn wieder weg?

Am einfachsten ist der Entwöhnungsprozess ab einem Alten von zwei bis drei Jahren, dann, wenn die Kinder komplexere Vorgänge schon verstehen können. Auch hier gehört wieder viel Geduld dazu. Mein Kleiner war wirklich ein Nuckel-Liebhaber. Wäre es nach ihm gegangen, hätte er immer einen gehabt. Zum Glück mussten im Kindergarten die Kinder ihren Nuckel abgeben und bekamen ihn nur, wenn sie Einschlafen sollten oder sich wehgetan hatten.

Als nächsten Schritt haben wir den Nuckel auch tagsüber entzogen und es so gehandhabt wie im Kindergarten. Dabei sind wir schrittweise vorgegangen. Der schwierigste Part war in der Tat die Nacht, das Einschlafen ohne Nuckel undenkbar. Wir haben bei uns einen Tierpark mit einem Nuckelbaum. Wir erklärten ihm also, dass man dort Nuckel dranhängen kann und diese dann Kinder bekommen, die keinen haben und einen brauchen. (Ja, ich höre den Aufschrei. Aber mir war die einmalige Notlüge lieber als eine dauerhafte Kieferfehlstellung, die schon eingesetzt hatte – die Zeit drängte.)

Er wollte dies umsetzen, mehrfach und bis zum Ins-Bett-Gehen war der Plan auch gut. Doch dann ging das Geschrei los – keine Chance. Bevor ich nun die harte Tour (einfach wegnehmen und schreien lassen) fahren wollte, versuchten wir noch eine Sache. Wir haben ihm den Nuckel sofort nach dem Einschlafen weggenommen (das hatten wir leider vorher nie). Und nach ein paar Wochen konnten wir dann auch zum Einschlafen den Nuckel weglassen, zuerst im Auto, dann beim Mittagsschlaf und später gänzlich. Mit drei Jahren und ein paar Wochen war er dann gänzlich „nuckelfrei“.

Richtig und falsch gibt es kaum

Da jedes Kind anders ist, wird bei jedem Kind auch eine andere Taktik funktionieren. Wichtig ist, beim Entwöhnen nicht nachzulassen – man darf die Gefahr des Nuckels nicht unterschätzen. Da halfen uns die angeblichen kiefer- und zahnschonenden teuren Nuckel nicht weiter. Mit zweieinhalb Jahren meinte der Zahnarzt, wenn er nicht sofort den Nuckel weglässt, wird er eine dauerhafte Kieferfehlstellung haben.

TIPPS & TRICKS

- So schmeckt der Nuckel nicht mehr: Einige Väter schwören darauf, den Nuckel mit ein paar Tropfen Olivenöl oder anderem mit starkem Geschmack, was das Kind nicht gerne isst, zu beträufeln. Es spuckt ihn freiwillig aus und, regelmäßig angewendet, nimmt es ihn schließlich nicht mehr.
- Die harte Tour: Die Hardcore-Fraktion empfiehlt, den Nuckel einfach wegzunehmen und das Kind schreien zu lassen. Generell ist diese Art der Erziehungsmethode sehr umstritten. Sicherlich gibt es hier Abstufungen, sodass du selber entscheiden musst, ob das ein adäquater Weg für dich ist.
- Viele nutzen Nuckelbäume oder erfinden die Nuckelfee, die den Nuckel mitnimmt. Hier kann es auch ein paar Tränen geben, aber in der Regel klappt es mit diesen Verfahren sehr gut.

Lesen und Rechnen lernen

Das Lesenlernen hängt sehr eng mit der Sprachbeherrschung zusammen, Rechnen wiederum ist von der Sprache losgelöst.

Mit Spiel und Spaß zum Erfolg

Es liegt an uns Eltern, inwieweit wir unseren Kindern schon vor der Schule das Lesen und Rechnen beibringen. Manch einer ist der Meinung, es reicht, wenn sie es in der Schule lernen, andere wiederum sind überzeugt, dass die Kinder es mit Vorwissen etwas leichterhaben.

In der Tat tun sich die meisten Kindern in den ersten Klassen leichter, wenn sie schon Vorwissen haben. Dabei muss dies nicht unbedingt damit zusammenhängen, dass sie den Stoff schon erlernt haben, vielmehr haben sie gelernt, dass Lernen Spaß macht.

Unser Gehirn ist so angelegt, dass es Lerninhalte einfacher aufnimmt, wenn wir damit Positives verknüpfen. Wenn Lernen eine Qual ist, wird das Aneignen von Neuem doppelt schwer. Dein Ziel sollte es also sein, deinem Kind aufzuzeigen, dass Lernen etwas Schönes ist.

Vorlesen und Vorlesen lassen

Wie schon beim Sprechenlernen erwähnt, ist das Vorlesen essenziell. Betonung, Sprache, aber auch das Verständnis, dass Buchstaben Wörter bilden und man sie lesen kann, ist für dein Kind nicht nur spannend, sondern führt auch dazu, dass es das selber ausprobieren und können möchte.

Wenn dein Kind also ein Buch haben und dir vorlesen möchte, dann sagst du nicht „Na, du kannst doch noch gar nicht lesen“, sondern gibst deinem Kind das Buch und hörst zu, was es dir erzählt. Danach bekommt es natürlich ein fettes Lob.

Rechnen beginnt mit den Zahlen

Beim Rechnen ist das Lernen und Verstehen der Zahlen 1 bis 10 der erste Schritt. Schon früh beginnen Kinder damit, mit ihren Fingern zu zeigen, wie alt sie sind oder werden. Das echte Rechnen beginnt aber meistens erst mit dem Vorschulalter.

Beim Rechnenlernen hilft es, sehr konkret mit Gegenständen zu veranschaulichen. Das abstrakte Rechnen im Kopf ist für Kleinkinder kaum nachvollziehbar. Auszurechnen, wie viele Äpfel übrigbleiben, wenn man zwei von dreien wegnimmt, ist leichter, wenn diese Äpfel konkret vor einem liegen.

Jegliche Gesellschaftsspiele mit einem Würfel sind für Kinder ab drei Jahren auch ein spielerischer Weg, um früh mit Zahlen vertraut zu werden. Wie bei allem lernt dein Kind vor allem durch Kontinuität. Ich kann es gar nicht oft genug erwähnen. Es gibt Handlungen, die bis zu 1000 Mal durchgeführt werden müssen, bis wir sie automatisch können. Lesen und Rechnen lernen ist ein Marathon und kein Sprint und sollte mit der gleichen Ausdauer gehandhabt werden.

Schreiben üben

Wenn dein Kind Spaß daran hat, solltet ihr schon früh das Schreiben üben. Egal ob den eigenen Namen und etwas anderes. Die Stifthaltung – die sogenannte Handmotorik – ist später in der Schule enorm wichtig und viele Kinder haben die ersten Jahre damit Probleme. Achtet also darauf, dass der Stift richtig in der Hand gehalten wird, am besten mach es deinem Kind richtig vor. Bedenke aber, dass dies erst ab dem sechsten Lebensjahr möglich ist. Kleinere Kinder werden den Stift immer mit der gesamten Hand wie in einer Faust festhalten wollen.

Spiel- und Lerncomputer

Es gibt eine Reihe von Spiel- und Lerncomputern/Tablets, die das Lesen, Schreiben und Rechnen unterstützen. Hier müsstest du, je nach Vorliebe deines Kindes, individuell auswählen. Ich empfehle vor dem Kauf, dein Kind so ein Spiel testen zu lassen. Manche Kinder finden sie langweilig und nicht jedes nimmt sie an.

TIPPS & TRICKS

- Das ABC spielerisch lernen:
  - ABC-Singen: Ich habe das Alphabet mit meinen Söhnen jeden Tag im Auto gesungen. Wenn ihr also täglich in den Kindergarten fahrt oder gerade zehn Minuten Zeit habt, singt gemeinsam das ABC.
  - Nenn mir den Buchstaben: Lasst das Kind raten: Welcher Buchstabe ist vor dem N, welcher nach dem K usw.?
  - Oder auch das altbekannte Ratespiel: Ich sehe was, was du nicht siehst, und es beginnt mit ABCDE …
  - Die Spiele sollten nie wirklich lange, aber sehr regelmäßig gespielt werden.
- Rechnen im Alltag anwenden: Einfach alles kann gezählt werden: die Brötchen beim Bäcker, die Lebensmittel im Einkaufswagen …
  - Plus und Minus am besten bildlich zeigen. Nehmt fünf Äpfel und macht kurze Rechenaufgaben. Ich nehme zwei Äpfel weg, wie viele bleiben übrig?
  - Wenn dein Kind einen Krämerladen als Spielzeug hat, lass das Rechnen beim Spielen einfließen. Ich möchte gerne drei Kartoffeln, wie viele sind dann noch da?
- Vorlesen als festes Ritual: Ideal wären 15 Minuten jeden Tag. Kinder, denen regelmäßig vorgelesen wird, haben nachweislich einen besseren Wortschatz und weniger Probleme mit der Rechtschreibung. Auch haben sie ein höheres Leseverständnis, wenn sie später selbst vorlesen.

Trocken werden

Irgendwann, wenn euer Kind zwei Jahre alt ist, kommt die Zeit, in der ihr anfangen werdet, eurem Kind die Windel zu entziehen. Es gibt einige Eltern, die das schon viel früher machen und meinen, dem Kind damit einen Gefallen zu tun. Ich halte davon gar nichts.

Das Trockenwerden ist ein sehr schwieriger und wichtiger Punkt für die Entwicklung deines Kindes.

Die Seele deines Kindes

Mach dir bewusst, dass sich dein Kind in der Phase des Trockenwerdens für das Einpullern und Co. schämen wird. Scham – ein Gefühl, das es bis dato noch nicht kannte. Wenn wir schimpfen oder meckern, bringen wir ihm in dieser Phase aber nicht nur bei, dass es nicht in Ordnung ist, dies zu tun, sondern wir beschämen unser Kind auch.

Aus diesem Grunde empfiehlt es sich, dem Ganzen so wenig Aufmerksamkeit zu schenken, wie es geht. Wenn dein Kind in der Nacht einpullert, vermitteln wir ihm, dass die Sache nicht schlimm ist und es beim nächsten Mal sicher besser klappt. Wir wechseln die Wäsche, damit hat sich das Thema erledigt.

Einige Eltern befürchten, damit würden sie ihr Kind ermutigen, einzupullern. Aber: Kein Kind liegt gerne in seinem eigenen Pipi. Wie oben erwähnt, merken sie langsam, dass die Erwachsenen das nicht machen es ist ihnen eher unangenehm, als dass sie durch eine ruhige, nicht strafende Reaktion ermutigt werden würden.

Einmal ohne Windel, immer ohne Windel

Anders sieht es aus, wenn man dem Kind in solch einer Situation wieder Windeln anlegen würde. Das wäre ein Zeichen in die falsche Richtung. Ja – in der Phase des Trockenwerdens müssen wir viel Wäsche waschen, aber das gehört dazu. Natürlich könnt ihr tagsüber bei längeren Fahrten eine Windel anlegen, aber nachts würde ich, einmal die Windel weggelassen, diese nicht erneut hervorzaubern, nur weil es zwischendurch mal nicht klappt. (Das gehört einfach dazu.)

Wie fange ich an?

Der erste Schritt besteht darin, deinem Kind zu ermöglichen, sein Geschäft auf dem Töpfchen oder der Toilette zu machen. Manch einer versucht, das Töpfchen gleich zu überspringen, ich empfehle dem Kind alles anzubieten und es selber auswählen zu lassen. Für die Toilette gibt es verschiedene kindgerechte WC-Sitze mit Einlage oder Treppchen. Beides hat den Nachteil, dass es länger dauert, bis das Kind sitzt, als einfach das Töpfchen zu nehmen.

Gerade in der Anfangszeit bleiben meist nur wenige Sekunden zwischen dem Moment, in dem dein Kind merkt, dass es „muss" und wann es lospullert.

Meine Kinder haben beide mit dem Töpfchen angefangen. Allein schon deshalb, weil wir ein kleines Belohnungssystem eingeführt haben. Für jedes Pullern durften sich die Kinder einen Autoaufkleber aussuchen und auf das Töpfchen kleben, fürs große Geschäft gab es sogar zwei. Mit dieser Methode hat es bei beiden richtig schnell funktioniert. Dazu mussten wir die Kinder natürlich ohne Windel zu Hause rumlaufen lassen. Teure Teppiche sollten in dieser Zeit besser eingerollt werden.

Wie alles muss auch das erst einmal gelernt werden.

In welchem Alter muss ein Kind trocken werden?

Wenn euer Kind in einem Kindergarten ist, kann es sein, dass der Wechsel von der Babygruppe zur Kleinkindgruppe mit dem Trockensein verbunden ist. In der Regel sind Kinder zwischen zwei und drei Jahren alt, wobei es hier natürlich viele Varianten nach oben (und manchmal auch nach unten) gibt.

Wenn dein Kind häufig einnässt, nachdem es schon trocken war, oder vier Jahre und älter ist, solltest du das vom Kinderarzt abklären lassen. Oftmals gibt es neben körperlichen Faktoren auch seelische, die das Einnässen beeinflussen.

Ich für meinen Teil halte es für besonders wichtig, dass wir den Kindern die Scham nehmen, die sie beim Einnässen empfinden. Wir müssen ihnen zur Seite stehen und sie ermutigen und aufbauen. Ein Kind, das bewusst erlebt, dass es etwas falsch gemacht hat (wofür es aber nichts kann), noch zu rügen oder auszuschimpfen, kann langfristige seelische Schäden hinterlassen.

TIPPS & TRICKS

- Woran erkenne ich, dass mein Kind muss, wenn es nichts sagt? Fragt regelmäßig mehrfach, ob eure Kinder „müssen". Gerade wenn sie spielen, fernsehen, essen, also etwas tun, was ihre Aufmerksamkeit bindet, vergessen sie es einfach. Sie mussten ja bisher nie aktiv drauf achten.
- Habt ausreichend Wechselwäsche und Bettzeug parat. Nutzt unbedingt auch Matratzenschoner. (Ich habe Teilschoner benutzt, die einfach zu wechseln waren.)
- Auf keinen Fall meckern und Druck aufbauen. Das ist so ziemlich der wichtigste Punkt und der, an welchen die meisten Eltern scheitern.
- Rückschläge sind normal. Passiert etwas Außergewöhnliches im Leben des Kindes, kann selbst nach einem halben Jahr oder Jahr trocken sein wieder was in die Hose gehen – auch nachts. Da hilft: ignorieren, Kind aufbauen und weiter machen.

Sport und Schwimmen

Kinder sind wilde Bestien. Wenn sie nicht regelmäßig ihren Auslauf bekommen, drehen sie komplett durch. Ok, vielleicht nicht ganz so schlimm, aber den Ausspruch „Mein Kind ist nicht ausgelastet“ lernen alle Eltern früher oder später kennen.

Baby lieben Wasser

Schon euer Baby liebt von Anfang an das kalte Nass. Wenige Wochen nach der Geburt gibt es Babyschwimmkurse, später dann Kleinkindgruppen – alles Aktivitäten, die die Kleinen lieben.

Zwischen vier und fünf sollte euer Kind nach Möglichkeit Schwimmen lernen. Dazu empfiehlt sich ein professioneller Schwimmkurs mit abschließendem Seepferdchen. Eine tolle Erfahrung, die dein Kind macht und worauf es dann sehr stolz sein wird.

Schwimmen können bedeutet Sicherheit für dein Kind. Neben dem sportlichen und gesundheitlichen Effekt ist dann nicht mehr jeder Teich, Pool oder die See gleich eine Gefahrenstelle.

Sport für eine gesunde Entwicklung

Beim Sport werden Motorik und Sinne geschult. Je nach Sportart sind auch soziale Kompetenz und Teambuilding gefragt. Die Entscheidung für eine Sportart wird ganz oft (leider) von den Vorlieben der Eltern abhängig gemacht.

Ich kann euch nur empfehlen, lasst die Kinder ausprobieren, so viel es geht. Nur: Nach nur einer Sporteinheit wissen die Kinder kaum, ob es ihnen Spaß machen wird oder nicht. Besser sind zwei bis drei Probetrainings.

- Ballsportarten: Egal ob Fußball, Basketball, Hockey, fast immer ist es ein Mannschaftssport und fördert den Teamgeist. Ausdauer, Hand-, Fußmotorik und vieles mehr wird hier gefördert. Der Zeitaufwand ist jedoch meistens sehr hoch, da neben den Trainings in der Woche oftmals am Wochenende ein Spiel dazu kommt.
- Leichtathletik: wird mit den Kleinen meist in Gruppen vollzogen und ist zeitlich überschaubar. Wettkämpfe sind eher wenige und die Trainings nicht ganz so lang wie bei anderen Sportarten. Viele Schulen bieten hier auch Kurse an.
- Kampfsport: eine gute Art, um Energie loszuwerden und zu lernen, mit den eignen Kräften umzugehen. Durch die verschiedenen Stile in diesem Bereich braucht es Proben, bis das Passende gefunden ist. Auch muss der Trainer geeignet sein, die richtigen Werte zu vermitteln.
- Tanzen: Ballet, Hip-Hop, Street, Break Dance – viele Kinder lieben Tanzen. Gerade Hip-Hop und Streetdance sind für die Körperbeherrschung und das Taktgefühl extrem gut geeignet. Hier ist oftmals das Problem, dass es nur wenige (gute) Kurse für Kinder gibt.
- Exoten: Es muss ja nicht immer das Bekannte sein. Wie wäre es mit Parkour, Bouldern (Klettern) oder Baseball? Schau dich in deiner Umgebung einfach intensiv um und sprich mit anderen Eltern. Es muss nicht immer Fußball und Ballett sein. Biete deinem Kind Möglichkeiten, damit es sein sportliches Talent entdecken kann.
- Einzelsportarten: Gibt es so fast gar nicht mehr. Bei fast allen Sportarten ist eine Teamkomponente enthalten. Daher sollte nicht nach diesem Aspekt ausgesucht werden, sondern danach, was deinem Kind Freude bereitet.
- Kosten und der Sport: Viele Vereine bieten Unterstützung für einkommensschwache Familien an. Auch gibt es teilweise Zuschüsse/Übernahme vom Staat oder der Krankenkasse. Hier empfiehlt es sich, auch mit dem Kinderarzt zu sprechen, ob es eine Möglichkeit der Sportverordnung gibt.

TIPPS & TRICKS

- Schwimmhilfen: Es gibt verschiedene Möglichkeiten von Schwimmhilfen: Schwimmring, aufblasbare Ärmel oder Schwimmwesten. Ich empfehle Letzteres, da sich dein Kind hier wie beim Schwimmen auch aufs Wasser legen kann. Du kannst mit ihm Arm- und Beinbewegungen trainieren, falls du dies möchtest.
- Auch empfehlenswert fürs Schwimmtraining ist die Schwimmnudel. Diese legst du deinem Kind unter die Achseln und hältst sie auf dem Rücken fest.

Selbstständig werden

Welche Eltern wünschen sich das nicht: Ein Kind, das sich alleine die Zähne putzt, Sachen aus dem Kleiderschrank nimmt, sich anzieht und danach vielleicht sogar Frühstück für die Eltern macht ☺ ... Nun geschieht diese Entwicklung vielleicht nicht von selbst und nicht in jedem Bereich, aber dein Kind kann schon recht früh zur Selbstständigkeit angeleitet werden.

Vorteile für alle Seiten

Die Selbstständigkeit stärkt dein Kind und formt seinen Charakter positiv. Durch sie erfährt es früh, wie man mit etwas Geduld und Ausdauer Dinge selber erledigen kann. Und sie ist eine tolle Gelegenheit, Kinder positive Erfahrungen sammeln zu lassen. Bedeutet im Klartext, es ist nicht wichtig, ob alles richtig gemacht, sondern dass es versucht wird.

Wenn mein dreijähriger Sohn sich z. B. selbstständig seine Sachen aus dem Kleiderschrank raussucht und dabei die Farben nicht zusammenpassen, ist das komplett egal. Wenn beim Anziehen der Pulli mit der falschen Seite übergestreift ist, dann darf er auch so getragen werden. Erst mit einer gewissen Erfahrung, nach einigen Erfolgserlebnissen, fangen wir auch an zu korrigieren, aber im Zentrum stehen die positiven Erfahrungen.

Selbstständig bedeutet nicht ohne Kontrolle

Nur dass wir uns nicht falsch verstehen: Wir lassen nicht alles durchgehen. Alles, was die Sicherheit des Kindes beeinträchtigen könnte, wird sofort unterbunden.

Die Selbstständigkeit wird nicht über Nacht gelernt und hat viele Facetten. Für uns bedeutet das auch, uns in diesen Situationen bewusst zurückzunehmen und selbst Geduld zu zeigen. Wenn morgens am Frühstückstich das Brötchen geschmiert werden soll, dann sollten wir das nicht automatisch übernehmen, sondern erst mal das Kind versuchen lassen. Auch wenn einiges, gerade zu Beginn, natürlich wesentlich länger dauert.

Greifen wir hier entnervt ein, weil es uns nicht schnell genug geht, hemmen wir die Entwicklung zur Selbstständigkeit.

Fehler machen ausdrücklich erlaubt

Eine wichtige Erkenntnis, die wir unseren Kindern vermitteln können, ist, dass man Fehler machen darf – sogar machen muss –, um selber etwas zu erreichen. Kinder, die früh zur Selbstständigkeit erzogen werden, haben oft einen ausgeprägten Experimentiersinn und sind meist offener gegenüber Neuem. Diese Eigenschaft kommt ihnen nicht nur beim Lernen in der Schule entgegen, sondern zieht sich durch das ganze Leben.

Auch Regeln gehören zur Selbstständigkeit

Bei aller Selbstständigkeit, die wir erlauben, ja fördern, muss dein Kind merken, wie weit diese Freiheit geht. Wir geben unserem Kind die „Leitplanken" vor, den Weg auf der Straße können sie selbst bestimmen. Ganz wichtig für die Kinder ist es, Grenzen gesetzt zu bekommen und zu lernen, was und wozu Regeln sind.

Nur Kinder, welche das Befolgen von Regeln erlernen, kommen auch ohne Probleme in ihrem sozialen Umfeld klar. Gerade in unserer heutigen liberalen Zeit, in der Kinder kaum noch das einfache Danke und Bitte beherrschen, kann ich dir nur ans Herz legen, deinem Kind nicht zu erzählen, es könne und dürfe alles. Spätestens in der Arbeitswelt gibt es für diese Kinder dann ernste Konsequenzen. Ich erlebe das leider immer wieder, dass Kinder, die ohne Regeln aufgewachsen sind, in der Arbeitswelt nicht umgangstauglich sind und es enorm schwer haben.

Welche Regeln können helfen, wenn das Kind selbstständig wird?

Regeln retten Leben. Du musst an der Straße stehen bleiben. Diese einfache Regel macht nur dann Sinn, wenn es für dein Kind etwas ist, was unbedingt eingehalten werden muss. Sie ist eine Mussbestimmung und nicht etwas, was dein Kind sich aussuchen kann.

Du darfst dir die Waschmaschinentabs nicht in den Mund stecken, du darfst deine Hand nicht auf die heiße Herdplatte legen.

Regeln bedeuten daher auch, dass deren Nichtbefolgen negative Konsequenzen hat. Für uns bedeutet das also, wir müssen unserem Kind die Konsequenzen vermitteln – natürlich ohne dass es sich (schwer) verletzt. Für dich bedeutet es, dein Kind mal gegen Regeln verstoßen zu lassen, damit es die Konsequenzen bemerkt.

Hierbei müssen wir deutlich unterscheiden zwischen Regeln, bei denen die Bestrafung von uns als Eltern ausgeht oder automatisch in der Situation oder Sache liegt.

„Du darfst noch nicht essen, das Essen ist heiß." Beißt dein Kind rein und verbrennt sich die Zunge oder Gaumen, ist das kein Schmerz von Dauer. Aber das macht es danach sicher nicht mehr.

„Du darfst nicht ohne Hausschuhe herumlaufen" hingegen ist eine Regel, die du aufgesetzt hast. Die Missachtung der Regel müsste von dir/euch geahndet werden.

Wichtig: Keine Regel ohne Konsequenz bei Verstoß. Ihr müsst euch im Vorfeld schon klar darüber sein, wie ein Regelverstoß geahndet wird und dies konsequent durchführen. Macht ihr das nicht, führt es dazu, dass Regeln mehr und mehr zu einer Kann-Bestimmung werden und euch euer Kind ggf. in der Erziehung entgleitet.

Sinnvolle Regeln

- schützen die Gesundheit des Kindes,
- basieren auf einem Leben mit anderen Menschen und innerhalb einer Gemeinschaft,
- dienen nicht dazu, das Leben für Mama oder Papa einfacher zu machen, sondern sollten nur dort aufgestellt werden, wo es notwendig ist – und im Einklang mit der eigenen Vorstellung einer liebevollen Erziehung.

Als Bestrafung ist Gewalt niemals erlaubt, in keiner Art und Weise.

Familienalltag gemeinsam meistern

Selbstständig sein macht den meisten Kindern Spaß. Sie wollen helfen und aktiv das machen, was Mama und/oder Papa ihnen vormachen. Gerade im Haushalt können wir die Kinder, wenn sie es denn möchten, schon ab dem dritten Lebensjahr einbinden.

Wichtig ist, dass wir das Kind nach getaner Arbeit (oder währenddessen) ganz viel loben und äußern, wie begeistert wir von seiner Hilfe sind. Je öfter dein Kind eine selbstständige Handlung mit einem positiven Erlebnis verbindet, desto öfter wird es helfen wollen.

Bitte nicht erpressen oder belohnen

Zu oft rutscht einem ein Satz raus wie: Wenn du dies oder das machst, dann darfst du fernsehen. Leider ist es kein guter Weg, dein Kind durch Bedingungen zur Selbstständigkeit erziehen zu wollen. Selbstständig bedeutet aus freien Stücken. Ist ein Verhalten an Strafen oder Belohnungen gekoppelt (außer ein mündliches Lob), dann hat das nichts mehr mit Selbstständigkeit zu tun. Im Gegenteil: Du vermittelst das Bild, dass die Aufgabe, zu der du dein Kind aufforderst, etwas Schlechtes ist, das keinen Spaß macht und nur gegen Belohnung gemacht werden kann. Damit schneidest du dir ins eigene Fleisch. Setze dagegen auf Freiwilligkeit, und lass dein Kind schon ganz früh machen, was es freiwillig machen will. Bremse es nicht, indem du sagst, dafür bist du noch zu klein. Dann wird es Spaß am Haushalt haben.

Mein Sohn ist gerade drei Jahre und drei Monate alt. Er sucht sich seine Anziehsachen alleine aus und zieht sie an. Mal schafft er es alleine, mal kommt er an und fragt nach Hilfe. Er deckt den Tisch und räumt mit ab und möchte bei allen Reparaturen im Haushalt helfen.

Das Wichtige in all diesen Situationen ist einfach, dass er immer die Gelegenheit hat, etwas auszuprobieren. Wenn er wissen will, ob etwas heiß ist, nehme ich seine Hand und wir gehen gemeinsam so nah an die Herdplatte ran, bis man die Wärme spürt, aber ich passe auf, dass er sich nicht verbrennen kann. Ich finde dieses Sinnbild mit den Leitplanken äußerst passend. Wir sind als Eltern die Leitplanken und passen auf, dass der Weg nicht verlassen wird. Innerhalb des Weges aber gibt es Freiheiten zum Ausprobieren.

TIPPS & TRICKS

- Lobend ermutigen: Wenn dein Kind das erste Mal etwas alleine gemacht hat, solltest du es mehrfach loben. Sei stolz und zeige das auch, indem du z. B. das Thema in Gegenwart deines Kindes noch mal lobend bei anderen ansprichst.
- Mehr Zeit einplanen: im Alltag einfach mehr Zeit fürs Ausprobieren einplanen, ob es ums Brötchen schmieren oder Anziehen geht.
- Erwachsenenaufgaben anvertrauen: Erwachsenenaufgaben machen so viel Spaß und können schon Dreijährigen teilweise anvertraut werden:
  - Essentisch decken (nur die leichten Sachen in die Hand geben)
  - Einkauf ausräumen
  - Putzen/staubsaugen
  - Wäsche zusammenlegen
- So findet dein Kind die passenden Kleider: Lege abends die Kleidung auf die Kleiderstapel, die es anziehen soll. Es wird in den meisten Fällen das oberste Stück vom Stapel nehmen und anziehen.
- Freiwilligkeit ist die Basis: Setze darauf, dass dein Kind freiwillig etwas tun möchte, ködere es nicht mit Belohnungen und setze es auch nicht unter Druck. Damit bremst du das Kind nur aus. Natürlich sollst du es belohnen, aber es sollte nicht darauf hinauslaufen, dass es bestimmte Dinge nur wegen einer Belohnung tut.

Erkundung der eigenen Sexualität

Jeder von uns erinnert sich noch, wie es für einen selbst war. Und je nachdem, wie man selber erzogen wurde, kann man sich daran orientieren oder eben auch nicht. Als Leitfaden für den Umgang mit kindlicher Sexualität will ich an einen wichtigen Unterschied erinnern, den ihr hoffentlich präsent habt: Vieles, was vermeintlich die Sexualität betrifft, passiert zuerst und ausschließlich in den Gedanken und Köpfen der Erwachsenen. Wenn sich zwei-, dreijährige Jungs am Schniepel ziehen, hat das überhaupt nichts Sexuelles. Wir machen oft etwas Mysteriöses aus unseren Geschlechtsteilen, verstecken die und reden meist auch mit unseren Kindern so gut wie gar nicht darüber. Sind Kinder unter sich, sind die Geschlechtsorgane einfach ein Körperteil, der sonst zu wenig Beachtung findet und interessant ist.

Sexuelle Selbstbestimmung

Gerade um sie zu schützen, müssen wir unseren Kindern schon früh beibringen, welcher Kontakt in Ordnung ist und welcher nicht. Beim Thema Pädophilie sträuben sich bei jedem Elternteil sofort die Nackenhaare, aber wir müssen uns damit – zur Sicherheit unserer Kinder – auseinandersetzen.

Von Anfang an solltest du deinem Kind beibringen:

- dass Mädchen und Jungs unterschiedlich sind,
- dass der Puller (Penis) oder die Muschi (Vagina) etwas sind, über das nur die Kinder selbst bestimmen dürfen
- und diese von einem anderen nicht angefasst werden dürfen ohne Erlaubnis.

Kinder sollten auch lernen, dass die Brüste von Frauen oder Mädchen – anders als bei den Jungen – auch Körperteile sind, die nicht einfach so berührt werden.

Nein sagen lernen

Ein ganz wichtiger Punkt, der sich natürlich nicht nur auf die Sexualität beschränkt, ist aber auch, dass dein Kind lernen muss, Nein zu sagen, wenn es etwas nicht möchte. Fühlt es sich unwohl, wenn es auf dem Schoß von jemandem sitzt, mag es die Berührungen eines anderen Kindes oder den Kuss der Verwandten nicht? Dann soll das Kind Nein sagen dürfen. Nein zu sagen ist essenziell und wichtig für ein starkes Kind.

Sexualität entmystifizieren

Ist dir das Thema unangenehm, wird es auch deinem Kind unangenehm sein. Je offener du damit umgehst, desto mehr wird es zu einem normalen Thema, über das man sprechen kann. Natürlich sollte die Aufklärung altersgerecht und angepasst sein, aber je offener ihr damit umgeht, um so einfacher hat es dein Kind damit.

Deinem Kind den Körper erklären

Bei einem Jungen beginnt es schon recht früh, dass der Körper anfängt zu üben und zum Beispiel der Penis hart wird. Ich weiß noch, wie mein Sohn mit fünf Jahren mal an seiner Hose zuppelte, hin und her rutschte und zu mir meinte. „Papa, wenn mein Puller groß ist, stört das!"

Ignorieren kann man eine solche Situation nicht. Also habe ich ihm eben altersgerecht erklärt, wieso das nichts Schlimmes ist und er das immer wieder haben wird. Für ihn war es nichts Sexuelles, sondern etwas, was ihn einfach nur gestört hat, da er nicht richtig sitzen konnte.

Euer Kind gibt das Tempo vor und ihr entscheidet, was euer Kind aufnehmen und verarbeiten kann und was vielleicht noch ein paar Jahre Zeit hat. Wichtig ist hier wirklich, dass ihr euch absprecht, gerade wenn ihr getrennt lebend seid.

Bei deiner Tochter werden irgendwann die Brüste spannen und sich entwickeln. Bei einigen Mädchen schon sehr früh. Diese äußerlich sichtbare Entwicklung stellt einen Prozess dar, der mit dem Einsetzen der Pubertät später noch ausgeweitet wird. Entweder du oder die Mama sollten also schon früh deiner Tochter die zukünftigen Veränderungen des Körpers aufzeigen.

Auch ist es ratsam, sich früh zu überlegen, wie ihr mit dem Körper eurer Tochter in der Öffentlichkeit umgehen wollt. Manche Eltern lassen ihre Töchter so lange oben ohne rumlaufen, bis die Brust zu wachsen beginnt, manche nehmen schon von Anfang an ein Oberteil.

Das Bewusstsein für den eigenen Körper, unabhängig ob Junge oder Mädchen, hängt also auch damit zusammen, wie die eigenen Eltern mit dieser Thematik umgehen.

Thema Selbstbefriedigung

Irgendwann werden wir als Elternteil damit konfrontiert werden: Mein Kind befriedigt sich selbst. Es gibt in dieser Situation kein Richtig und Falsch und hängt auch mit eurer Einstellung zum Thema zusammen. Ich für meinen Teil habe meinem Sohn irgendwann gesagt, als er sich immer in der Hose herumfummelte, wenn „er" mal wieder stand, dass er so etwas nicht in der Öffentlichkeit machen darf. Gemacht hat er im Grunde nichts anderes als ihn so hinzulegen, dass er nicht störte, dennoch habe ich das genutzt und ein Gespräch gesucht. Ich erklärte ihm, dass er sich mit seinem Körper so viel auseinandersetzen darf, wie er möchte, wenn er alleine ist, er aber das nicht machen darf, wenn andere dabei sind. Ich empfand es als zu früh, schon von Selbstbefriedigung zu sprechen, zeigte ihm aber auf, dass alles, was mit seinem Körper zu tun hat, nicht in die Öffentlichkeit gehört. Das klappt bis heute außerordentlich gut. Sicherlich werden weiterführende Gespräche notwendig werden, aber ich habe davor keine Angst. Ich habe das gesamte Thema entmystifiziert. Ich spreche offen und ehrlich mit meinen Kindern darüber, sodass sie es verstehen und auch nachfragen können, falls einmal nicht.

Spätestens in der Schule muss ein Verständnis dafür da sein

Leider gehen einige Eltern das Thema gar nicht oder unzureichend an. Das führt dann dazu, dass in der Schule Kinder anderen Kindern in die Geschlechtsteile greifen, sich entblößen oder mehr. Natürlich können die Gründe dafür vielfältig sein, und es hat auch ein wenig mit der Erkundung der Sexualität zu tun. Dennoch ist in der heutigen Gesellschaft das Thema sehr sensibel und führt schnell zu hochkochenden Emotionen bei besorgten Eltern.

Auch die Schulen reagieren heutzutage äußerst sensibel auf solche Situationen und gehen strikt dagegen vor. Solltest du solch ein übergriffiges Verhalten beobachten, sprich mit deinem Kind offen darüber. Frühzeitige Aufklärung verhindert, dass dein Kind sich so verhält und du als Elternteil in die Situation kommst, wegen solcher Vorfälle in die Schule zitiert zu werden.

Krisen (Trennung, Tod)

Die Psyche der Kinder ist äußerst labil. Zwar können sie eine Menge verarbeiten und bewältigen, dennoch beeinflusst jegliche große Veränderung dein Kind sehr. Krisen sind für kleine Kinder manchmal nur mit professioneller Hilfe zu verdauen. Die Auswirkungen können vielfältig sein, von psychosomatischen Symptomen („Bauchweh", Einnässen) bis zu Sprach- und Entwicklungsstörungen.

Übermitteln der Nachricht

Sofern es geht, sollte eine schlechte Nachricht schonend und kindgerecht übermittelt werden. Es sollte an einem vertrauten Ort sein, wo sich dein Kind auch zurückziehen kann, falls es alleine sein möchte. Je nach Alter des Kindes und Verständnis der Situation solltest du dir auch überlegen, inwieweit du stark sein musst für dein Kind oder auch Gefühle zeigen kannst.

Gerade wenn man sich als Eltern trennt und das Kind damit aus dem gewohnten Lebensumfeld rausgerissen wird, sollte versucht werden, die Situation für das Kind so schonend wie möglich zu gestalten.

Je nachdem, wie viel dein Kind von der aktuellen Situation mitbekommt (was oft auch vom Alter des Kindes abhängt), wäre es gut, wenn beide Elternteile das Gespräch mit dem Kind suchen. In diesem Gespräch sollte dann auf jeden Fall dem Kind mitgeteilt werden, dass Mama und Papa das Kind unendlich doll lieben und sich daran nichts ändern wird. Gerade dieser Punkt ist es, der immer wieder dazu führt, dass Kinder es sehr schwer in Trennungsphasen haben.

Leider sieht die Realität oftmals anders aus. Manchmal wird man auch selber vor vollendete Tatsachen gestellt und ein gemeinschaftliches Gespräch ist gar nicht mehr möglich. In diesem Fall solltest du zeitnah das Gespräch mit deinem Kind suchen.

Ganz wichtig: Egal wie heftig der Streit zwischen der Mama und dir ist, vor deinem Kind darfst du die Mama niemals schlecht machen oder in Misskredit bringen. So schwer dir das fallen mag, es bleibt die Mama und dein Kind liebt sie.

Aufklärung als Vorbereitung

Was bedeutet Tod und wieso sehe ich Opa nicht mehr? Gerade das Thema Tod möchten wir unseren Kindern gerne ersparen. Gibt es Haustiere oder Oma und Opa, die schon älter sind, kann es sinnvoller sein, schon vorab mit den Kindern über das Thema zu sprechen, als sie mit der vollendeten Situation zu konfrontieren.

Auch für die eigene Sicherheit des Kindes, zum Beispiel im Straßenverkehr, ist es wichtig, den Kindern zu erklären, dass ein Leben endlich ist. Natürlich kann das zu Verlustängsten führen, dazu, dass ein Kind auf einmal wieder klammert oder Ähnliches. Es gibt dazu kein Patentrezept und ist eine sehr individuelle Entscheidung, wann und wie man das Thema angeht.

Solltet ihr eine einvernehmliche Trennung durchführen, macht es Sinn, euer Kind schrittweise mit der Tatsache vertraut zu machen. Zum Beispiel indem ein Elternteil anfängt, ab und zu auch mal auswärts zu übernachten. Auch gibt es einige Kinderbücher, die das Thema Trennung abhandeln, die man abends vorlesen kann. Hier werden jedoch sicherlich sehr schnell Fragen vom Kind kommen, dies sollte dann also eher als Einführung ins Gespräch zur Übermittelung der Nachricht dienen.

Trauer zulassen

Wenn es einen schlimmen Vorfall bei euch geben sollte, erlaube deinem Kind zu trauern. Je nach Alter musst du dich vielleicht auch etwas zurückziehen und Zeit zur Trauer lassen. Sich selber als Stütze anbieten und dem Kind klarmachen, dass man für es da ist, auch wenn man selbst trauert, ist nun essenziell. Dabei spielt es keine Rolle, ob es nun eine Trennung oder der Tod eines geliebten Angehörigen ist.

Du fragst dich vielleicht, ob du deinem Kind gegenüber deine eigene Trauer zeigen oder eher „Stärke" und Zurückhaltung zeigen sollst. Hier gibt es kein Richtig oder Falsch. Es gibt nur den Aspekt, womit du dich wohler fühlst und wovon du glaubst, was für dein Kind am besten ist. Ich selber versuche, der starke Fels in der Brandung zu sein und meine Trauer nur gemäßigt zu zeigen. Ich sage meinen Kindern aber auch, dass es völlig o.k. ist, seine Gefühle zu zeigen, jeder aber damit anders umgeht. Wichtig ist, dass dein Kind seine Trauer verarbeiten kann, um wieder ein normales Verhalten zu zeigen bzw. ein normales Leben zu führen.

Solltest du über einen längeren Zeitraum jedoch ein verändertes Verhalten feststellen, so muss auf jeden Fall über externe Hilfe nachgedacht werden.

Beerdigungen und Co.

Beerdigungen sind einschneidende Erlebnisse, die echte Spuren hinterlassen können, selbst bei Erwachsenen. Wie sollen dann erst Kleinkinder darauf reagieren?

Ihr müsst euch also die Frage stellen, wollt ihr, dass euer Kind die Beerdigung mit all den Erwachsenen in Trauer mitbekommt?

Meine persönliche Empfehlung ist, dies nicht zu machen. Erspart eurem Kind die Erfahrung der Beerdigung und lasst die verstorbene Person so in Gedanken des Kindes weiterleben, wie sie war. Schlussendlich müsst ihr das für eure Kinder natürlich selbst entscheiden.

TIPPS FÜR DIE SCHLIMMSTE ZEIT

- Bedenke immer, dass die Hauptaufgabe der Eltern die Abwehr von Gefahren ist. Dazu zählen auch die seelischen Schmerzen und tiefen Wunden, die eine Trennung oder der Verlust eines nahen Angehörigen mit sich bringt.
- Denkt also vor allem an eure Kinder in dieser Situation und überlegt genau, was ihr wie preisgeben wollt.
- Rede viel mit deinem Kind und erkläre kindgerecht. Versuche vor allem, dem Kind die Ängste zu nehmen, die fast immer Verlustängste sind. Egal ob Trennung oder Tod, die Angst, Mama und Papa zu verlieren, ist fast immer der Mittelpunkt.
- Tragt bei einer Trennung euren Streit nicht auf dem Rücken des Kindes aus. Ein Punkt, den sich beide Parteien immer und immer wieder vor Augen führen und beachten müssen.

SO MEISTERST DU TYPISCHE ALLTAGS- SITUATIONEN

Das Kind quängelt beim Mittagessen, will sich die Zähne nicht putzen lassen und rebelliert im Supermarkt. Das Leben als Familie ist manchmal ein täglicher Wahnsinn, und immer souverän zu reagieren, gelingt nur den wenigsten Eltern. Doch du kannst dich gut vorbereiten – und ausgestattet mit Basiswissen und vielen bewährten Tipps wird Papa zum Superhelden, der den Alltag wuppt.

Essen – von Biokost bis Fast Food

Bis zu zehn Mal muss dein Kind etwas probiert haben, bevor es genau weiß, ob ihm etwas schmeckt oder nicht. Das trifft leider eher auf gesundes Essen zu als auf Essen mit vielen künstlichen Geschmacksverstärkern wie Fast Food oder Snacks. Deshalb dürfen wir uns gerade bei gesunden Sachen nicht nach dem ersten Versuch schon geschlagen geben.

Eltern haben kaum noch Zeit zum Kochen

Unsere Zeit ist sehr schnelllebig geworden. Oftmals müssen beide Elternteile arbeiten. Die Zeit zum Kochen wird immer knapper und immer weniger Eltern können noch wirklich kochen. Das sind perfekte Bedingungen, um zum Fast Food zu greifen. Deshalb ist Übergewicht schon bei Kleinkindern ein echtes Problem. Dabei kannst du mit ganz einfachen Mitteln und auch mit wenig Zeit dagegen angehen.

Gesundes gehört immer mit auf den Tisch

Wenn dein Kind keinen Apfel, keine Orange, Gurke oder Tomate kennt, wird es schwer, sie an gesunde Nahrungsmittel zu gewöhnen. Beobachtungen zeigen, dass Kinder, denen ganz selbstverständlich Obst und Gemüse angeboten wird, dies oftmals auch besser annehmen als Kinder, bei denen das nicht der Fall ist.

Anders als bei Schokolade und Co. werden beim Essen von Obst und Gemüse im Gehirn nicht die Massen an Glückshormonen ausgeschüttet. Bei salzigen Snacks wie Chips und Co. sind es oftmals künstliche Zutaten wie Geschmacksverstärker, die dazu führen, dass Kinder diese Snacks sofort lieben.

Süßigkeiten sind keine Belohnung

Neben den rein körperlichen Vorgängen ist es aber auch die überall stattfindende Werbung, welche es uns so schwer macht, ein Kind zur gesunden Ernährung zu erziehen. Süßigkeiten und Snacks werden oft als etwas Besonderes dargestellt, als ein Weg, dem Kind Liebe und Zuwendung zukommen zu lassen. Wenn sie dann nur in Maßen gereicht werden, bekommen sie einen ganz besonderen Stellenwert für die Kinder. Werden sie als Belohnung eingesetzt, wird im Kopf des Kindes die Süßigkeit zu etwas äußerst Begehrenswertem.

Vorbild sein

Auch bei der gesunden Ernährung ist eben wichtig, ein gutes Vorbild zu sein. Stopfen wir uns selber nur mit Fast Food und Co. voll, essen wir kaum Obst und Gemüse, dann dürfen wir nicht erwarten, dass es bei unseren Kindern anders wird.

Für fast alles gibt es Alternativen

Das Schöne in der Ernährung ist: Es gibt für fast alles gesunde Alternativen. Das Internet wimmelt nur so von Rezepten und Ideen. Investiert einfach mal ein paar Stunden, probiert aus und ihr werdet sehen, wie viele leckere Alternativen es beim Essen gibt. Egal ob es nun ein vollwertiges Gericht ist oder das Naschen zwischendurch.

Trinken – der oft unterschätzte Zuckerlieferant

Egal ob Zucker, Fruchtzucker oder Zuckerersatzstoffe, in fast jedem Getränk sind Dickmacher enthalten. Auch fast jeder trinkfertig hergestellte Tee enthält diese Stoffe. Kinder und Babys sollten daher ausschließlich Wasser trinken. Wenn man dies von Anfang an einführt, wollen sie später oftmals nicht anderes. Meine beiden Jungs trinken ausschließlich stilles Wasser. Lediglich der Große fängt nun ab und zu an, bei besonderen Anlässen wie Essengehen etc. mal eine Fanta oder ein Spezi haben zu wollen. Im Alltag jedoch wollen sie ausschließlich Wasser. Leider wird in vielen Familien aus dem Glauben heraus, es sei gesünder, Tee oder Apfelschorle gereicht.

Gegessen wird, was auf dem Tisch steht

Diese Aussage kennen vermutlich viele von uns. Sie ist gar nicht so falsch. Oftmals neigen wir dazu, um Stress aus dem Weg zu gehen, Sonderregelungen zu machen.

Natürlich soll dein Kind entscheiden dürfen, was es isst und was nicht. Diese Freiheit hat aber Grenzen. Nur weil das Kind heute mal keine Lust auf das aktuelle Essen hat, sollten wir nicht sofort Ersatz ranschaffen. Wir sollten vermitteln, dass Essen einen Wert besitzt. Dass es Geld und Zeit zur Zubereitung kostet.

Gerade in den Trotzphasen wird das Essen ganz gerne instrumentalisiert, es wird versucht, Regeln aufzuweichen und getestet, inwieweit die eigenen Eltern eben eine Extrawurst ermöglichen. Ich meine damit explizit nicht, Kindern aufzuzwingen, was sie nicht essen mögen. Hier sollten wir zum mehrfachen Kosten animieren, aber auf keinen Fall etwas anderes.

Der Zucker macht die Zähne kaputt

Jegliche Zuckerquellen sind eine Gefahr für die Zähne und den Mundraum der Kleinen. Zähneputzen ist also schon vor dem ersten Zahn wichtig und sollte entsprechend durchgeführt werden. Anfänglich ist es eher ein kurzes Massieren des Mundraumes. Mindestens zwei Mal am Tag sollten die Zähne geputzt werden.

Nicht jedes Kind lässt das einfach so zu, und um die Nerven zu schonen, sollte man versuchen, sich ein Ritual auszudenken. Ich habe z. B. ein kleines Lied erfunden, was ich meinen Kids beim Zähneputzen einfach in Dauerschleife vorgesunden haben:

„Zähneputzen, Zähneputzen mag doch jedes Kind.
Zähneputzen, Zähneputzen geht doch ganz geschwind.
Erst oben, dann unten, sauber müssen sie sein ...
Sonst kommen Karius und Baktus rein!"
Danach habe ich sie eine Sekunde lang gekitzelt und gesagt:
„Und machen aaaaallllleeeee deine Zähne kaputt!"

Damit habe ich meine Kinder zum Zähneputzen bekommen und selbst mein Dreijähriger besteht heute noch jeden Abend auf dem Lied.

TIPPS & TRICKS

- Dreh den Spieß um: Gib eine Zeitlang statt Süßigkeiten einen Apfel oder eine Banane als Belohnung aus. Droh als Bestrafung an, dein Kind dürfe dann seinen Apfel nicht essen.
- Nichts Besonderes: Messe Süßigkeiten und Snacks keinen besonderen Stellenwert bei. Obst und Gemüse sind mit großer Selbstverständlichkeit fester Bestandteil der täglichen Nahrung, auch wenn dein Kind sich erst einmal verweigern sollte.
- Kleine gesunde Snacks für zwischendurch vorbereiten: Anstatt Chips auf der Couch einfach mal Möhren, Gurken und Paprika in längliche Streifen schneiden, dazu Magerquark mit Schnittlauch, etwas Salz und Pfeffer verrühren und schon haben wir einen gesunden Snack zum Dippen.
- Immer auf dem Tisch: Mit Wasser erspart ihr euch eine nicht zu unterschätzende Kalorienquelle und es sollte daher von Anfang an auf dem Tisch stehen.
- Das Kind will nicht essen? Weigert sich dein Kind zu essen, obwohl es das Gericht eigentlich mag, dann muss es eben ohne Essen vom Tisch. Das führt dann oftmals dazu, dass die Kleinen nachgeben und dann plötzlich zugreifen.

Medien

Als Geschäftsführer einer Online-Marketing-Agentur, bekennender Gamer und PC-Liebhaber muss ich natürlich dieses Themenfeld einbringen.

Auf die Dosis kommt es an

Bevor ich ins Detail gehe, folgende Anmerkung vorneweg: Wir kommen nicht daran vorbei, uns mit den digitalen Medien auseinanderzusetzen und unsere Kinder früh an den sinnvollen Umgang mit diesen zu gewöhnen.

Die Einflüsse der digitalen Welt sind umfangreich und tiefgreifend, und es gibt kaum Erfahrungswerte, auf die wir zurückgreifen können und die uns Anhaltspunkte für das eigene Handeln liefern. Nur eines ist sicher: In der digitalen Welt, in der zehn Jahre einen Quantensprung bedeuten, bringt der Standpunkt, damals war das aber alles ganz anders, rein gar nichts.

Passive Beschallung

Wie hilfreich wären nun wissenschaftliche Quellen, auf die ich mich berufen könnte und die konkrete Vorgaben liefern würden, sodass ich beruhigt schreiben kann, dass Kinder bis drei Jahre gar kein Medium nutzen sollen, Kinder bis sechs Jahren maximal ein paar Stunden in der Woche usw.

In Wirklichkeit gibt es zu diesem Thema kaum verlässliche wissenschaftliche Quellen. Vieles sind Mutmaßungen und Meinungen von Wissenschaftlern oder sogenannten Erziehungsexperten. Auch berücksichtigen die Befragungen so gut wie nie Umfeld, Herkunft und

Reife des Kindes. Bei meinen Recherchen bin ich noch nie auf eine Quelle gestoßen, deren Meinungen und Schlussfolgerungen ich voll und ganz vertreten würde.

Dass ein Zuviel schädlich ist, dazu stehe ich zu 100 Prozent. Nur wo genau die Grenze zwischen noch tolerierbar und schädlich zu ziehen ist, das kann in meinen Augen derzeit niemand fundiert und endgültig festlegen. Es erfordert eine Einschätzung von uns, den Eltern. Jeder kennt sein Kind am besten und sollte ein Gefühl dafür entwickeln.

Der Fernseher ist keine Kinderparkstation

Wer kennt die Situation nicht: Man muss etwas Wichtiges zu Hause erledigen, braucht mal zehn Minuten für sich allein und das Kind lässt einen nicht. Die Lösung ist oft: Schnell den Fernseher angeschaltet – und das Kind sitzt gebannt davor und wir haben Ruhe.

Ich würde lügen, wenn ich euch erzähle, ich hätte noch nie zu dieser Lösung gegriffen. Deshalb will ich euch nicht ermahnen, das auf jeden Fall zu unterlassen. Natürlich ist es auch bei mir so, dass ich die Vorteile des Fernsehers ab und an aus Eigennutz einsetze, aber es ist keine Langzeitlösung, wenn ich keine Lust oder keine Zeit habe, um mich ums Kind zu kümmern. Kommt es immer öfter vor, müssen andere Wege angedacht werden. Der Fernseher ersetzt uns nicht und darf es auch nicht. Kinder, die aus Gewohnheit und für längere Zeit vor dem TV „geparkt" werden, erleiden tiefgreifende Schädigungen. Das können körperliche Symptome sein, aber auch seelische und/oder Verhaltensauffälligkeiten.

Ebenso müssen wir darauf achten, welche Sendungen wir den Kindern zeigen. Sie sollten stets dem Alter des Kindes anpasst sein.

Aufmerksamkeitsspanne des Kindes beachten

Generell sollten Kinder nicht direkt vor dem Schlafengehen fernsehen. Denn Kinder schauen anders TV als wir und erleben Filminhalte viel direkter. Wir lassen uns manchmal berieseln und entspannen dabei. Fernsehschauen strengt Kinder viel mehr an als Erwachsene. Kinder saugen die Informationen in sich auf und speichern diese ab. Das Gehirn ist so auf Lernen programmiert, dass uns die Kinder in kürzester Zeit den Inhalt ganzer Filme und Serien wiedergeben können. Sie erinnern sich an Filmausschnitte, die sie vor Monaten gesehen haben.

Spielekonsolen und Tablets

Hier gibt es sehr große Unterschiede zwischen den Angeboten. Auf der einen Seite stehen die reinen Lerntablets, die schon kleinen Kindern spielerisch digital beim Lernen helfen. So fördern Spiele das Erkennen von Formen, Farben und Größen, bei den umfangreicheren Spielen werden auch Kombinations- und Auffassungsgabe trainiert. Auf der anderen Seite gibt es die Konsolen und Nintendos.

Anders als beim Fernsehen wird das Kind hier schon gefordert und gefördert. So werden motorische Fähigkeiten stimuliert, aber auch Auffassungsgabe und das Training der Augen-Hand-Koordination stehen im Mittelpunkt.

Dennoch sind Spielekonsolen sehr intensive Reize. Deshalb müssen auch diese in der Anwendungszeit begrenzt werden.

Hyperaktivität, Konzentrationsschwächen, Abhängigkeiten

Die Computersucht ist nicht ohne Grund als Krankheit anerkannt worden. Das Spielen an Konsolen und Tablets muss daher bewusst dosiert und kontrolliert werden. Kinder, denen diese Medien uneingeschränkt zur Verfügung stehen, zeigen schon sehr schnell Anzeichen eines Suchtverhaltens. Sie wollen immer und ständig spielen und stellen das Spielen über alles andere. Sie möchten nicht mehr raus, keine Freunde treffen, keinen Sport treiben.

Auch zeigen Kinder mit intensivem Medienkonsum Anzeichen von Hyperaktivität und Konzentrationsschwächen. Schuld sind wieder die Reize, denen das Kind ausgesetzt wird und der Lernmodus des Gehirnes.

TIPPS & TRICKS

- Halte den Medienkonsum deines Kindes so überschaubar wie möglich. Je jünger das Kind ist, desto kürzer sollte die Zeit vor einem Bildschirm sein. Eine genaue Angabe, welche Zeitdauer für euer Kind richtig ist, gibt es nicht. Hier widersprechen sich zahlreiche Studien, daher müsst ihr das für euch selber bestimmen und festlegen.
- Alternativen andenken: Frage dich immer, ob du deinem Kind eine Alternative zu Tablet, Fernseher oder Spielekonsole anbieten kannst.
- Verbote sollten nicht Fernsehen, Handy oder Spielekonsole betreffen. Dies führt nur dazu, dass diese Geräte eine noch größere Bedeutung bekommen und in der Wahrnehmung der Kids als etwas ganz Besonderes erscheinen. Es sollten Alltagsgegenstände sein, die ab und zu gebraucht werden. Nicht mehr und nicht weniger.
- Kontrolliere und sei anwesend. Medien sollten nicht dafür genutzt werden, dein Kind davor zu „parken". Solche Situationen sollten die absolute Ausnahme darstellen.
- Wenn Medienkonsum, dann mit Förderungskick. Warum die Fernsehserie nicht auf Englisch anstatt auf Deutsch anschauen? Statt daddeln ein lernförderndes Spiel aufs Handy?

Langeweile

Heutzutage meinen Eltern, sich rund um die Uhr um das Kind kümmern zu müssen. Die Chance, sich aus eigenem Antrieb zu beschäftigen und auch Langeweile auszuhalten, erfährt das Kind dabei kaum mehr. Dabei ist es enorm wichtig, dass dein Kind lernt, was Langeweile ist. Nur wenn es Langeweile kennt, entwickelt es auch Strategien dagegen, sprich, lernt dein Kind, sich selbstständig zu beschäftigen.

Daher spielt nicht den Daueranimateur, sondern lasst euer Kind die Erfahrung machen, dass sie selbst mit Langeweile umgehen können. Wenn wir uns 24/7 ums Kind kümmern, wird es Langeweile nie erfahren und somit nicht den Drang, sich selbstständig etwas einfallen zu lassen.

Volles Kinderzimmer – trotzdem Langeweile

Das Kind sitzt im Kinderzimmer auf dem Stuhl und dreht sich. Es ist offensichtlich, dass es nichts mit sich anzufangen weiß. Dabei ist das gesamte Kinderzimmer voller Spielsachen.

Würdest du hier eingreifen, ihm eine Aktivität anbieten? Ich empfehle, es nicht zu tun. Dein Kind muss lernen, mit der Langeweile umzugehen. Solange es aus Langeweile keinen Quatsch macht, sollten wir es lassen.

Alternativen aufzeigen

Langeweile sollte in einem Gespräch auch angesprochen werden. Gemeinsam kann man dann überlegen, welche Alternativen dein Kind hat. Im Übrigen sind Fernsehen und Tablet/PC keine adäquaten Langeweile-Killer.

Oftmals liegt die Langeweile auch in der Schwierigkeit begründet, sich aus den vielen Spielsachen und Möglichkeiten im Überfluss etwas auszusuchen.

Ich habe über einen Test gelesen, bei dem in einem Kaufhaus erst ein Tisch mit drei verschiedenen Sorten Marmelade aufgestellt wurde und dann ein Tisch mit über zehn verschiedenen Sorten Marmeladen.

Der Tisch mit den drei Gläsern hatte bedeutend weniger Besucher, dafür aber das Dreifache an Verkäufen wie der Tisch mit den vielen Sorten. Das Fazit: Eine große Auswahl wirkt zwar anziehend, aber der Entscheidungsprozess ist viel schwieriger und führt eher dazu, gar nichts zu kaufen.

So ähnlich geht es den Kindern, die einfach zu viel von allem haben. So kann ein prall gefülltes Kinderzimmer eher dazu führen, dass die Kinder sich langweilen, als wenn sie nur wenige Spielsachen haben, mit denen sie aber wirklich und ausgiebig spielen.

Aufbau und Abbau

Aus Platzmangel werden die interessanten, aber raumfüllenden Spielsachen oft zu früh wieder abgebaut, die Carrera-Bahn, das Puppenhaus, die Modelleisenbahn. Das Kind kann nicht über Tage und Wochen immer wieder spontan damit spielen.

Kreativität und Talent fördern

Langeweile kann auch ein Zeichen von Unterforderung sein. Biete deinem Kind also auch Beschäftigungen für ältere Kinder an. Natürlich musst du hier auf die Sicherheit achten, gerade bei Kleinkindern.

Vielleicht ist Musik etwas für dein Kind oder Handwerkliches wie Bausteine. Ältere Kinder, die Lego mochten, begeistern sich vielleicht für die anspruchsvollere Lego-Technik.

Auch Sportvereine, Theatergruppen und Tanzvereine sind beliebte Freizeitbeschäftigungen. Es gibt so viele Möglichkeiten, die wir anbieten können, und jedes Kind hat unentdeckte Interessen und Talente.

TIPPS & TRICKS

- Spiele nur zeitweise zur Verfügung stellen: Nehmen wir die Modelleisenbahn. Ist sie aufgebaut, wird auch gespielt, bis irgendwann etwas anderes dran ist. Erst dann baue ich die Bahn wieder ab und nach circa 14 Tagen neu auf. Das lässt sie wieder interessant werden.
- Kinderzimmer ausmisten: Wir kennen es von uns selbst. Je mehr wir zur Auswahl haben, desto schwerer fällt uns die Entscheidung für eines. Diese Problematik haben auch Kinder in überfüllten Kinderzimmern. Deshalb tauscht regelmäßig Spielzeug aus, bringt einiges für ein halbes Jahr in den Keller und holt es später wieder hervor. Schnell wird Altes dann wieder neu entdeckt.
- Gerade für Wochenendväter ein Thema: keine Dauerbespaßung. Es kommt das Wochenende und damit die Frage: Was machen wir? Wichtig dabei ist, ein Mittelmaß zwischen Veranstaltungen wie Schwimmen, Freizeitparks, Tierparks und weitere Besonderheiten und dem Verbleib zu Hause zu finden. Dann artet die Kinderbetreuung am Wochenende nicht in Stress aus und der Geldbeutel wird auch geschont. Das Bemühen, seinen Kindern etwas zu bieten, gerät leicht in einen Strudel aus immer mehr und aufwendigeren Aktivitäten. Dabei ist den meisten Kindern nur eines wichtig: gemeinsam Zeit zu verbringen.

Was aber, wenn aus Langeweile Frust wird?

Wenn sich die Langeweile über einen längeren Zeitraum zieht, sich vielleicht auch erste Verhaltensänderungen zeigen, dann kann die Langeweile auch ein Ausdruck tiefer liegender Probleme, wie Frust oder Angstzustände, sein.

In diesen Situationen braucht das Kind Hilfe. In solchen Fällen könnt ihr als erste Anlaufstelle Unterstützung anbieten, sollte dies aber nicht funktionieren, sollte der Weg zum Spezialisten erfolgen.

Austesten von Grenzen

Schon früh kommt das „Nein“ oder ein „Nein, das will ich nicht“. Kinder müssen erst lernen, dass die Welt Regeln hat und nicht alles so funktioniert, wie sie es gerne hätten.

Während ich diese Zeilen schreibe, habe ich ein dreijähriges „Monster“ zu Hause, das genau dieses Verhalten jeden Tag auslebt: Grenzen testen. Für Kinder in diesem Alter völlig normal, für Eltern ein Ausnahmezustand.

Wie viel „testen“ ist normal?

Eine Frage, die ich immer wieder gestellt bekomme: Ab wann gilt ein Verhalten als nicht mehr normal? Wann muss ich mir als Papa Gedanken machen und bis zu welcher Eskalationsstufe gehört das Verhalten ganz normal zu einer Entwicklungsphase?

Generell sind es zwei große Punkte, die das Verhalten eines Kindes beeinflussen: Charakter und Erziehung.

Charakter: Einen Teil des Verhaltens meines Kindes werde ich nicht beeinflussen können, da es einfach eine angeborene Charaktereigenschaft ist und durch das angeborene Temperament bestimmt wird. Wie groß dieser Anteil ist, weiß heutzutage noch keiner und die Meinungen der Experten gehen hier auch weit auseinander.

Erziehung: Mit unserer Erziehung haben wir aber einen sehr großen Einfluss, der wohl deutlich über dem angeborenen Anteil liegen dürfte. Wir haben es also in der Hand, unser Kind zu regulieren, wenn es „überschießt" – denn darum geht es beim Grenzentesten, eine Reaktion der Eltern zu erhalten, eine klare Regel, an der sich unser Kind orientieren kann und die ihm Sicherheit gibt. Wie oft unser Kind uns testen wird, wird je nach Temperament ganz unterschiedlich sein, je klarer unsere Reaktionen ausfallen, desto rascher wird das Kind eskalierendes Verhalten aufgeben.

Mein Kind schmeißt sich im Laden auf den Boden und bockt

Der Klassiker bei diesem Thema ist das schreiende, wütende Kind auf dem Boden im Supermarkt. Wenn also die Erziehung der maßgebliche Teil ist, haben dann all die Eltern in solchen Situationen versagt?

Nein, natürlich nicht! Es ist vielmehr so, dass die Entscheidungen, die wir treffen, manchmal einfach die falschen sind. Wir vergessen viel zu oft, dass wir mit Kindern sprechen und nicht mit Erwachsenen. Wir appellieren an Dinge wie Vernunft, argumentieren mit logischen Sachverhalten oder verlangen von unseren kleinen Kindern, dass sie komplexe Vorgänge verstehen.

Unsere Entscheidungen, wie wir mit unseren Kindern umgehen, vor allem in den Situationen, in denen sie unsere Grenzen austesten, beeinflusst maßgeblich, wie sie sich später weiterentwickeln werden.

Kinder analysieren unser Verhalten schneller und besser, als es jeder Kriminologe könnte. Bevor sie zu sprechen beginnen, lernen unsere Kinder Situationen durch Verhalten, Gestik, Mimik, Tonlage einzuschätzen. Das Ausspielen von Mama und Papa (Mama sagt Nein, also frag ich Papa) passiert ganz intuitiv. Funktioniert diese angewandte Methode, prägt sich das ein, umso tiefer, je öfter es damit Erfolg hat. Je weniger Erfolg dein Kind damit hat, desto eher wird es sein Verhalten einstellen – und etwas Neues wird ausprobiert. Im Idealfall machst du dir schon, bevor die Situation real eintritt, Gedanken, wie du mit solch einer Situation (die Supermarkt-Situation ist nur beispielhaft) umgehen möchtest. Dies sollte mit der Mama abgesprochen werden, sodass ihr möglichst ähnlich reagiert und vorgeht.

Kaum jemand bereitet sich darauf vor und das führt dann dazu, dass die Eltern in so einer Situation unter Druck handeln. Gerade in der Öffentlichkeit ist solch ein Verhalten des Kindes vielen peinlich. Das muss es aber nicht, du musst nur entsprechend souverän reagieren können.

Kompromisse finden – der Mittelweg

Wir müssen uns also erst einmal in die Situation des Kindes versetzen und vor allem uns klarmachen, was sie überhaupt verstehen und verarbeiten können. Dies ist sehr individuell und altersabhängig.

Jeder hat eine andere Einstellung zur Erziehung. Der eine will so wenig wie möglich erziehen und lässt dem Kind viele Freiräume, der andere sagt, Erziehung ist nun mal die Aufgabe der Eltern und hat viele Regeln mit genauen Vorstellungen, wie was zu laufen hat.

Es gibt bei der Erziehung kein so und nur so ist es richtig. Jeder muss hier für sich seinen Weg finden.

Ich für meinen Teil fahre einen Mittelweg. Als Papa habe ich einen Erziehungsauftrag. Das Wohl und die Entwicklung meines Kindes liegen in den Händen von Mama und Papa. Dennoch weiß ich, dass jedes meiner Kinder eine individuelle Persönlichkeit ist, die ich auch individuell behandeln muss. Was bei meinem Großen funktioniert hat, klappt auf einmal beim Jüngeren nicht mehr und umgekehrt.

Lösungsmöglichkeit in „Grenzsituationen"

Als Erstes musst du die Situation abschätzen, ob sie gefährlich ist. Ein Umherspringen und wütendes Trampeln in der Nähe von Regalen oder einer Treppe ist etwas anderes als im Kinderzimmer.

Überlege, warum dein Kind sich jetzt so verhält. Was ist der konkrete Auslöser? Fast immer will das Kind ja etwas. Auf keinen Fall darfst du in so einer Situation dem Kind sofort das geben, was es will. Denn was es im Gedächtnis abspeichert, ist, dass sein Verhalten funktioniert hat – und das wird es beim nächsten Mal genauso wieder machen.

Gehe deine Optionen durch und vor allem überlege dir, ob du eine Option auch zu 100 Prozent durchziehen kannst.

Nichts ist schädlicher als haltlose Androhungen. Das, was du sagst, muss zu 100 Prozent umgesetzt werden. Wenn du deine Androhungen nicht durchziehst, merkt sich dein Kind auch das. Es wird dann ganz automatisch schlussfolgern: Ach, da passiert ja eh nix, die reden eh immer nur. Dein Kind muss erfahren, übrigens nicht nur in solchen Situationen, dass du dein Wort hältst. Nur wenn das gegeben ist, schaffst du eine Basis, auf der du dein Kind auch zum Nachdenken bringen kannst.

Entscheide dich für einen Weg und ziehe diesen konsequent durch. Eine Trotzsituation ist oftmals eine tolle Möglichkeit, einen sehr großen erzieherischen Einfluss zu nehmen und dein Kind ein Stück weit auf die Welt und Gesellschaft vorzubereiten.

Ich für meinen Teil versuche z. B. einen Kompromiss zu finden.

Bleiben wir wieder bei unserem Beispiel im Supermarkt. Mein Kind möchte Schokolade. Ich sage Nein und nun fängt es an zu weinen oder zu quängeln. Jetzt könnte sich das Ganze hochschaukeln und eskalieren. Nachgeben möchte ich nicht, weil es schon genug Schokolade in der letzten Zeit hatte. Ich biete ihm nun also an, sich dafür einen Nachtisch aussuchen zu dürfen oder er darf das Mittagessen wählen. Vielleicht bekommt er seine Lieblingswurst. Im Grunde ist es egal, solange es keine Süßigkeit ist. Er bekommt also nicht seinen Willen, aber merkt, dass sein Anliegen ernst genommen und ihm eine Alternative angeboten wird. Dieses Vorgehen funktioniert fast immer. Ähnliche Strategien helfen auch beim Zähneputzen und Schlafengehen, das wird in den folgenden Kapiteln noch mal ausgeführt.

Es ist für das Kind bedeutend zu wissen, woran es ist. Werden Kinder in der Erziehung sich selber überlassen, werden sie in eine Art Elternrolle gedrängt. Nämlich in die, sich dann selber erziehen zu müssen. Dies kann erhebliche negative Folgen in der Entwicklung haben. Favorisiert ihr diese antiautoritäre Erziehung ohne Regeln und Grenzen, solltet ihr auf jeden Fall mit mehreren Kinderärzten über die möglichen Folgen reden und euch beraten lassen, ob dieser Weg wirklich der richtige für euch als Familie ist.

Trotz

Wenn der Trotz beginnt, kann das Austesten von Grenzen schnell eskalieren. In der Papa-Gruppe habe ich ein Foto gesehen, auf dem ein Kleinkind sein gesamtes Kinderzimmer verwüstet hat. So weit hätte es gar nicht kommen dürfen, denn spätestens bei körperlicher Aggression muss eingegriffen werden. Das hat nichts mehr mit einer offenen und freien Erziehung zu tun, hier wird schlichtweg nicht erzogen.

Konsequentes Handeln hilft dem Kind und dir

Du solltest immer in der Lage sein, konsequent zu handeln. Jegliche körperliche Gewalt und Züchtigung sind in der heutigen Zeit tabu. Dennoch musst du zur Not dein Kind fest umschlungen auf den Arm nehmen und ggf. auch vor sich selbst schützen.

Konsequent handeln bedeutet: Das Kind erfährt, dass auf Handeln eine Konsequenz erfolgt, die auch unangenehm sein kann. Das Kind schmeißt mit Spielzeug? Dann ist das Spielzeug eben für zwei Tage weg. Ihr müsst euch im Vorfeld für genau solche Situationen schon einen Plan machen, wie ihr reagieren wollt. Das macht das Leben für dich und deine Kinder einfacher.

Leichter gesagt als getan

Doch oftmals fühlen wir uns in solchen Situationen hilflos und machtlos. Früher gab es dann einen auf den Hintern, heutzutage weiß man, dass Gewalt keine adäquate Erziehungsmethode ist. (Siehe auch Abschnitt Gewaltfreie Erziehung)

Die Trotzphase ist nicht gleichzusetzen mit Grenzen austesten, sondern spitzt dieses Thema zu. Die Trotzphase im Alter von zwei bis vier Jahren ist ein wichtiger Schritt in der emotionalen Entwicklung.

Das Kind entdeckt seinen eigenen Willen, scheitert aber an seinem körperlichen Können. Dieses Noch-nicht-Können produziert Wutanfälle. Hinter Trotz verbergen sich also oft nur Traurigkeit und Verzweiflung.

Die Trotzphase überstehen

Die Trotzphase ist, wie der Name schon sagt, nur eine Phase. Als Erstes musst du dich darauf einstellen und auf Trotzanfälle auch vorbereiten.

Wenn du zum Beispiel einen wichtigen Termin hast und in Eile bist und dein Kind beim Schuheanziehen auf einmal einen Trotzanfall bekommt, ist Stress vorprogrammiert. Und du wirst aus dem Stress heraus keine optimalen Entscheidungen treffen können.

Belohnen, um die Situation zu entlasten?

„Wenn du jetzt damit aufhörst, bekommst du Schokolade." Neigst du auch dazu, oftmals den leichten Weg zu gehen? Natürlich ist es verlockend, eine Trotzsituation zu beenden, indem du dein Kind belohnst. Problematisch an dieser Maßnahme ist die Langzeitwirkung, die fast nie bedacht wird: dauerhafte negative Persönlichkeitsentwicklung wie Trotzanfälle, Zunahme von Gewalt gegenüber Sachen und/oder Menschen, Schlafstörungen, Schwierigkeiten, Freunde zu finden usw. Noch schwieriger ist es, wenn du deinem Kind das gibst, was es möchte, also das Trotzen zum Erfolg führt.

So blöd es klingt: Wenn die Situation sich hochgeschaukelt hat und du dein Kind nicht mehr beruhigen kannst, sollte sie einfach ausgesessen werden. Solange dein Kind nur bockig ist, irgendwo sitzt und vielleicht weint, kann man es auch einmal in Ruhe lassen. Anders ist es, wenn es aggressiv ist. In diesen Fällen sollte auf jeden Fall professionelle Hilfe in Anspruch genommen werden, denn dann ist schon vorher einiges schiefgelaufen.

Aggressionen

In der Erziehung muss jegliche Form von deutlich aggressivem Verhalten sofort unterbunden werden. Selbst wenn es scheinbar als heftige Begleiterscheinung eines Spiels auftritt. Wie oft habe ich schon gesehen, wie sich Mama oder Papa von einem Kleinkind treten oder schlagen lassen. Klar tut es noch nicht weh, aber in zwei, drei Jahren sicher schon.

Ein Kind muss dies alles erst lernen. Greifen hier Eltern nicht ein, kann dies zu einer Verhaltensstörung im Kindesalter führen. Gewalt hat in der Familie, egal von wem ausgehend, nun mal nichts zu suchen!

Kratzen, beißen, schlagen

Generell ist Gewalt etwas, das in unseren Genen steckt. Für Kleinkinder von zwei bis vier Jahren bedeutet körperliche Aggression und Gewalt oftmals eine Art der Ausdrucksmöglichkeit von Wut und Frustration. Dass wir in unserer heutigen Gesellschaft keine Gewalt dulden und haben möchten, ist etwas, das wir unseren Kindern beibringen müssen, genauso wie wir ihnen andere Wege im Umgang mit Wut und Frustration zeigen müssen.

Die Frage nach dem Warum

„Wieso kratzt mein Kind?“ „Seit drei Tagen beißt mich mein Kind öfter grundlos in den Arm.“ „Im Kindergarten wurde mir mitgeteilt, dass mein Sohn ein anderes Kind ohne Grund geschlagen hat.“

So oder so ähnlich sind die Situationen, von denen ich jeden Tag lese. Kaum ein Kind geht nicht durch diese Phase und bringt damit seine Eltern zum Schwitzen. Die Frage nach dem Warum kann also vernachlässigt werden. Viel wichtiger ist die Frage, wie du damit umgehen möchtest.

TIPPS & TRICKS

So überstehst du die Trotzphase

1. Beobachte, in welchen Situationen dein Kind trotzt und versuche zu ermitteln, was der Auslöser dafür ist. Möchte es etwas Bestimmtes haben? Hast du ihm gerade etwas verboten?
2. Versuche, den Grund zu finden. Tritt dieses Verhalten wiederkehrend auf? Wenn ja, hat es schon Erfahrungen gesammelt, die es zu diesem Verhalten bewegen. Erkläre deinem Kind jetzt also sehr genau, wieso sich etwas ändert.
3. Erkläre deinem Kind, wieso sein Verhalten jetzt falsch ist.
4. Biete deinem Kind einen Kompromiss oder Ausweg an, sofern es die Situation zulässt. Auf keinen Fall darf es in seinem Handeln bestätigt werden, es muss aber das Gefühl haben, ernst genommen zu werden.
5. Schaukelt sich die Situation trotz deiner Bemühungen weiter hoch, unterbrich diese. Nimm dein Kind hoch und verlasse den Ort oder schicke es auf sein Zimmer.
6. Auch wenn du innerlich kochst, bleibe ruhig. Du bist der Erwachsene, dein Gegenüber das Kind!
7. Wenn die Situation sich wieder entspannt, sage deinem Kind, dass du es liebst, es aber Regeln gibt, die befolgt werden müssen.
8. Dein Handeln muss immer klar erkennbar und nachvollziehbar sein. Wenn du Dinge angedroht hast, wie Stubenarrest, Fernsehverbot, MUSST du es durchziehen, ansonsten darfst du so etwas gar nicht erst androhen. Sonst nimmt dein Kind deine Drohung nicht ernst und kann gar nicht unterscheiden, was du wirklich durchsetzen willst und was nur dahergesagt wird. Das ist inkonsequentes Handeln, was dein Kind nur verwirrt.

Gewalt

Das Thema Gewalt, die vom Kind ausgeht, ist immer schwierig. Dabei ist es gleich, ob sie von einem Jungen oder Mädchen ausgeübt wird. In der Phase zwischen einem und vier Jahren muss jedes Kind erst mal lernen, was Gewalt bedeutet und wie man damit umgeht. Auch später wird das Thema Gewalt, Raufereien usw. immer wieder vorkommen. So ist es bei Jungs in der Schulzeit relativ normal, dass aus einem Spielen auf einmal Ernst wird. Erst ungefähr ab der Oberstufe verstehen Kinder dann wirklich, was Gewalt ist und können diese bewusst vermeiden, bzw. ihre Handlungen und die Folgen einordnen und abschätzen.

Schmerz verstehen

Damit ein Kind seine Handlung und deren Auswirkungen verstehen kann, muss es selber erst einmal verstehen, was Schmerz bedeutet. Woher soll ein Kleinkind bitte wissen, dass es Papa wehtut, wenn es ihm mit dem Bauklotz auf den Kopf haut?

In den ersten Jahren kann man seinem Kind immer wieder mitteilen, dass man etwas nicht möchte. Wenn dir dein Kind wehtut, sag laut „Aua“ und verzieh schmerzhaft dein Gesicht. Unterbrich kurz das Spielen mit deinem Kind. Auch wenn sie noch nicht verstehen, was da genau passiert, merken sie sich die Reaktionen. „Immer, wenn ich mit dem Auto auf Papas Hand klopfe, verzieht er so komisch das Gesicht und spielt nicht mehr mit mir. Das ist blöd, also lieber nicht auf die Hand klopfen mit dem Auto.“

Wenn dein Kind sich mit dir unterhalten kann, ab einem Alter von drei Jahren, wird es selber schon Schmerz erlebt haben, beim Hinfallen, beim Spielen mit anderen Kindern. Man kann dem Kind also erklären, dass es etwas nicht machen soll, weil es schmerzt und es an diese Erfahrungen erinnern.

„Du Schatz, weißt du noch gestern, wie du hingefallen bist aufs Knie und geweint hast? Das hat dir wehgetan, oder? Siehst du und wenn du Papa auf den Fuß trittst, tut mir das auch weh."

Seine Kraft falsch einschätzen

Einige Kinder sind von Natur aus sehr robust und vielleicht körperlich fortgeschrittener. Hier kann es dann, gerade im Spiel mit Gleichaltrigen, vorkommen, dass die Kräfte falsch eingeschätzt werden. Aus Spiel und Spaß wird dann unbeabsichtigt plötzlich Schmerz.

Kinder bis sechs, sieben Jahren sind noch gar nicht in der Lage, ihre Kräfte einschätzen und zu dosieren. Hier hilft nur das sofortige Einschreiten von uns Erwachsenen und die Kinder zur Achtsamkeit zu ermahnen. Das Kind lernt nicht durch alleiniges kognitives Verstehen, sondern indem seine Handlung mit Konsequenzen verknüpft wird.

Gewalt als Ausdruck einer Entwicklungsstörung

Wenn ein Kind mehr als üblich aggressiv ist und dieses Verhalten über einen längeren Zeitraum andauert, hat dies fast immer einen bestimmten Grund. Die Gründe können vielfältig sein und auch im familiären Bereich liegen. Aus diesem Grunde sind Angestellte im Kindergarten, Hort und Schule bei solchen Themen sehr sensibel.

Der wohl häufigste Grund ist aber eine Entwicklungsstörung. Bei einer Entwicklungsstörung verläuft die körperliche und/oder geistige Entwicklung des Kindes nicht altersgerecht. Durch dieses Defizit frustriert, kann es sein, dass dein Kind ein Ventil braucht. Dies kann unter Umständen eine erhöhte Aggression sein.

Eine genaue Analyse sollte durch den Kinderarzt oder Psychologen erfolgen, um die therapeutischen Maßnahmen darauf abzustimmen.

Ab wann ist es nicht normal?

Spätestens wenn dich die Erzieherinnen im Kindergarten oder Hort zum Gespräch zitieren und dies nicht der erste Vorfall ist, sollten die Alarmglocken läuten. In diesen Gesprächen sollte offen und ehrlich über mögliche Gründe und Maßnahmen gesprochen werden. Ab einem gewissen Grad muss sonst das Jugendamt eingeschaltet werden, bzw. geht es seinen behördlichen Meldeweg.

Was kann ich tun?

Als Erstes erziehen wir natürlich gewaltfrei. Wenn Kinder Geschwister haben, achten wir darauf, dass, auch nur aus Spaß, niemandem wehgetan wird. Das, was zu Hause erlaubt ist, nehmen die Kids eben mit nach draußen in Kita oder Hort. Oftmals glauben wir Erwachsenen, unsere Kinder können auch differenzieren, was Spiel ist und was Ernst, aber das können die Kleinen eben nicht. Erst ab einem Alter von sechs Jahren können Kinder komplexe Vorgänge, Ursprung und Wirkung von Handlungen, wirklich nachvollziehen. Es dauert aber noch bis in die Oberstufe, dass sie wirklich die Auswirkungen und Folgen verstehen, die Gewalt haben kann. Dass z. B. ein Mensch nach einem Schlag umfallen kann, sich den Kopf aufschlägt und stirbt, ist ein so komplexer Vorgang. den ein sechsjähriges Kind noch nicht begreifen und einordnen kann. Aus diesem Grunde haben wir in Deutschland auch die Strafmündigkeit erst ab 14 Jahren. Bis zum Alter von 14 Jahren sind Kinder wegen einer Straftat rechtlich nicht zu verurteilen, weil sie es einfach noch nicht wirklich begreifen.

Selbst das, was und wie wir es sagen, kann starke Auswirkungen haben. Mein Sohn wurde in der ersten Klasse mehrfach von einem älteren Mitschüler angegangen und drangsaliert. Wie ich erfahren habe, machte er das regelmäßig mit sehr vielen jüngeren Mitschülern. Ich ging dagegen vor und es kam zu einem Elterngespräch in der Schule, bei dem ein Schulverweis angedroht wurde.

Ich unterhielt mich mit meinem Sohn darüber und erklärte ihm, dass er sich das nicht gefallen lassen müsse. Er war dem älteren Jungen körperlich ebenbürtig und ich sagte zu meinem Sohn, dass sich der andere Junge nur Opfer ausgesucht hätte, die das mit sich machen ließen. Ich sagte ihm, er solle sich wehren und verteidigen, wenn er angegriffen werden würde.

Ein Dreivierteljahr später, der Junge hatte die Schule verlassen müssen, wurde mir mitgeteilt, dass mein Sohn vermehrt in kleinere Raufereien verwickelt wäre. Er begründete alle damit, dass er sich ja nur verteidigt hätte. In den Situationen war der Impuls zur Gewalt aber von ihm ausgegangen und es betraf seine Freunde und Spielkameraden.

Er hatte meine Aussage mittlerweile so ausgelegt, dass Gewalt in Ordnung sei, man sich nichts gefallen lassen und gegen alles vorgehen müsse.

Ich musste mehrmals sehr lange mit ihm sprechen und erst als ich ihm gesagt hatte, wie traurig mich sein Verhalten macht, fing er an zu begreifen, dass es nicht in Ordnung ist. Ich zeigte ihm immer wieder auf, wie er sich gefühlt hatte, als er drangsaliert worden war und dass er nun den „Spieß einfach umgedreht hätte“ und nun er andere drangsaliert. Dies führte zu einem Aha-Erlebnis und sein Verhalten änderte sich.

AGGRESSION UND GEWALT VORBEUGEN

Schritt 1: Gewaltfrei erziehen

Schritt 2: Erzählt dein Kind von sich aus Begebenheiten, die eine Gewaltkomponente enthalten, frage ruhig nach. Z. B. Dein Kind sagt dir, es habe im Kindergarten Hauen gespielt. Dann frage nach, wie es dazu gekommen ist und ob sich einer dabei wehgetan hat.

Schritt 3: Erkläre deinem Kind immer wieder, dass man sein Gegenüber so behandeln sollte, wie man selber behandelt werden möchte.

Schritt 4: Wenn du zu Hause bemerkst, dass dein Kind auf einmal rabiater wird, haut, beißt, dann sprich das im Kindergarten aktiv an und frage, wie es sich dort verhält.

Schritt 5: Gewalt gehört bei Kindern in einem gewissen Maß in der Entwicklung dazu. Meist sind es nur Phasen. Hier ist es wichtig, besonnen zu reagieren. Niemals darf Gewalt gegen dein Kind die Lösung sein!

Schritt 6: Lässt sich das aggressive Verhalten deines Kindes nicht regulieren, können schwerwiegende Entwicklungsstörungen oder traumatische Erlebnisse der Auslöser sein. Sprich auf jeden Fall mit deinem Kinderarzt darüber und sei dir nicht zu fein, um eine Überweisung zum Kinderpsychologen zu bitten.

Streit mit dem Kind

Streit gehört zum Leben dazu. Und auch du wirst dich mit deinem Kind streiten. Durch die Tatsache, dass du ein Elternteil bist und dein Kind eben dein Kind, wird der Streit aber oft nicht auf Augenhöhe ausgetragen.

Streit auf Augenhöhe – ist das möglich?

In aller Regel streitet man sich mit jemandem auf Augenhöhe, Freunde, Verwandte, die Frau oder die lieben Kollegen. Streitest du dich mit deinem Kind, läuft ein Streit sehr schnell darauf hinaus, dass wir Befehle erteilen. Wir unterbinden den Streit also. Natürlich gibt es Situationen, in denen das absolut notwendig ist. Ein Streit auf der Straße, ob man sich hier nun hinsetzen darf oder nicht, ist sicherlich nicht so prickelnd. Es gibt aber durchaus Situationen, in denen wir uns mit unserem Kind ausgiebig streiten dürfen und dies auch sollten.

Wieso Streiten mit dem Kind wichtig ist

Streiten will gelernt sein. Den Spruch kennt jeder, aber die wenigstens beachten ihn. Wenn wir jeden Streit unterbinden, lernt unser Kind nicht, später zu streiten. Es lernt nur: Im Streit hat der Recht, der das Sagen hat. Problematisch wird dies nicht nur im späteren Jugend- und Erwachsenenalter, sondern für die Streitkultur unter den Kindern selbst. Bringen wir ihnen konstruktives Streiten nicht bei, oder ziehen sie die falschen Schlüsse, kann das dazu führen, dass dein Kind bei den kleinsten Auseinandersetzungen mit anderen Kindern sich falsch verhält.

Nutze also die Gelegenheit und lasse Streit auch einmal zu. Zeige deinem Kind vor allem konstruktive Lösungen und Wege, aus dem Streit herauszukommen. Dazu muss dein Kind sie aber mehrfach erleben und „eingeübt" haben. Etabliere also eine angenehme Streitkultur, die auf Rücksicht und Verständnis basiert.

Soll ich jetzt alles mit meinem Kind diskutieren?

Es ist ein Unterschied, ob du etwas sagst und es anordnest, oder ob ihr streitet, weil ihr unterschiedlicher Auffassung seid. Sagst du deinem Kind, es soll sich bettfertig machen und es fängt an zu diskutieren, ist das kein Streit im eigentlichen Sinne. Sagst du deinem Kind, es soll sich die Schuhe anziehen und es kommt im Winter mit Sandalen an, die es nun auf Teufel komm raus nicht ausziehen will, dann ist es ein Streit. Der Unterschied ist, dass du in der ersten Situation vorher eine Anordnung gegeben hast und es eine klare Regel gab, in der zweiten Situation hast du dich nicht ausreichend klar ausgedrückt. Es hat sich ja die Schuhe angezogen, nur eben nicht die, die du im Sinn hattest. Das Problem ist, du hast nicht gesagt welche. Dein Kind hat also deine Anordnung befolgt und kann dafür nicht belangt werden. Beim zweiten Beispiel kann man das Streiten wundervoll üben.

„Ok, mein Schatz, du möchtest also nicht aufessen, wieso nicht?“

So könnte man die Situation beginnen und sich dann durch die im Kasten aufgeführten Punkte hangeln.

Lasst euer Kind auch mal „gewinnen“

Wenn ihr immer bei allem euren Willen durchsetzen wollt, braucht ihr euch nicht zu wundern, wenn euer Kind irgendwann zumacht und nur noch Probleme bereitet oder resigniert. Ein Kind, das gar keine Chance hat, eine Situation zu seinen Gunsten und nach seinen Vorstellungen zu verändern, wird dies irgendwann auch nicht mehr versuchen.

Ihr müsst also immer wieder euer Kind gewinnen lassen und ihm damit zeigen, dass es sich lohnt, mit euch über Dinge zu sprechen. Zeigt ihnen immer Lösungswege und drängt sie nie in eine Ecke.

SO GEWINNT JEDER BEIM STREITEN

- Wenn die Gemüter sich erhitzen, versuche, die Situation erst abzukühlen. Bleibe also am besten selber ruhig und sprich absichtlich etwas langsamer, um Dynamik rauszunehmen. Sag deinem Kind, dass du zehn Sekunden nachdenken musst und unterbrich die Situation. Nimm eine Denkerpose ein und fang dann ruhig und besonnen noch mal an, das Kind anzusprechen.
- Höre die Meinung deines Kindes an und lass es aussprechen.
- Fordere das gleiche Recht auch für dich selbst ein.
- Nicht ausfallend oder beleidigend werden. Sollte sich dein Kind nicht daran halten, sage ihm offen, dass du enttäuscht bist und du dachtest, es wäre schon alt genug, dass ihr normal miteinander reden könntet. (Die meisten Kinder hassen es, wenn man ihnen sagt, sie wären noch nicht so weit.)
- Nicht sauer sein, wenn der andere auf seiner Meinung beharrt. Versuche einen Kompromiss zu finden.
- Das oben Genannte bezieht sich wie gesagt auf einen Streit. In Situationen also, in denen ihr auch die Zeit habt, das auszudiskutieren. Mit Sicherheit geht ihr so nicht vor am Straßenrand, wenn dein Kind einfach loslaufen will.

Zähneputzen

Mit dem Zähneputzen ist es wie mit vielen anderen Dingen. Bei dem einen Kind ist es gar kein Problem, beim anderen ein Tanz auf dem Vulkan.

Ab wann?

Mit Beginn des Zahnens wird mit dem Zeigefinger oder einem entsprechenden Aufsatz schon das Zahnfleisch sanft abgerieben. Auf Zahnpaste verzichtet man hier natürlich noch.

Erscheint der erste Zahn, beginnt dann das Zähneputzen.

Wie oft?

Idealerweise putzt das Kind nach jeder Nahrungsaufnahme, mindestens aber einmal am Morgen und einmal vor dem Zubettgehen. Gerade abends sollte darauf geachtet werden, dass nach dem Zähneputzen keine zuckerhaltigen Getränke mehr getrunken werden.

Die beste Art des Zähneputzens

Im Idealfall werden die Zähne von oben, vorne und hinten geputzt. Dabei sollte mindestens je eine Minute Putzdauer für die unteren Zähne und eine für die oberen Zähne veranschlagt werden. Je nachdem, wie viele Zähne schon vorhanden sind, kann die Zeit natürlich verringert werden.

Wer es will, kann beginnen, zusätzlich Zahnseide einzusetzen, wenn das Kind alt genug ist. Alt genug bedeutet in diesem Fall, es hat seine zweiten Zähne und lässt die Anwendung von Zahnseide auch zu. Fangt langsam mit einem Zahnzwischenraum an und erweitert das, wenn euer Kind mitspielt.

Ab wann putzen Kinder sich alleine die Zähne?

Alleine können und sollten sich Kinder Zähne putzen, wann immer sie es wollen – solange nachgeputzt wird in der oben beschriebenen

Art und Weise. Ab circa sechs Jahren sind Kinder erstmals in der Lage, die Zähne alleine richtig zu putzen. Bis zum zehnten Lebensjahr sollte jedoch regelmäßig durch die Eltern nachgeputzt werden (für ca. 30 Sekunden).

Mein Kind lässt sich nicht die Zähne putzen

Schauen wir uns die Situation mal aus dem Blickwinkel des Kindes an: Es muss stillstehen, den Mund öffnen, kann nichts dabei machen. Das ist totlangweilig und damit für viele Kinder nichts, worauf sie sich freuen können. Und das zwei Mal am Tag? Vielleicht sogar abends, wenn gerade noch gespielt wurde?

Dann wird uns klarer, dass Kinder die Bedeutung des Zähneputzens noch nicht verstehen. Und es für sie einfach lästig ist. Im Grunde müssen wir versuchen, die Kinder vom eigentlichen Thema Zähneputzen abzulenken und versuchen, es interessant zu gestalten. Das kann das von mir beschriebene Lied sein (Seite 84), aber auch mal ein Rollenspiel. Jetzt putzt dein Kind dir einfach mal die Zähne. Vielleicht wird auch eine kurze Folge der Tonibox abgespielt oder, oder, oder …

Schlafen

Schlafen und Kinder – ich glaube, irgendwie hat die Natur dort einen Fehler gemacht.

Das beste Beispiel ist immer der erste Tag nach den Ferien, an dem der Alltag und der Kindergarten wieder losgeht. All die Ferientage waren sie um 6 Uhr oder früher wach. An dem Tag, an dem sie dann früh aufstehen sollen, schlafen sie so lange, dass wir sie sogar wecken müssen, was sie all die Wochen vorher nicht einmal geschafft haben. Das kann einfach kein Zufall sein.

Wieso der Schlaf so wichtig ist

Ein Mensch kann ohne Schlaf nicht überleben. Schon nach wenigen Stunden Schlafentzug zeigen wir ein Verhalten wie unter starkem Alkoholeinfluss. Unsere Aufmerksamkeitsspanne und Reaktionszeit sinken, das Gleichgewichtsorgan wird beeinflusst und wir können nicht mehr klar denken.

Im Schlaf regeneriert sich unser Körper und unser Gehirn verarbeitet den Tag. Gerade bei Kindern ist ausreichender Schlaf so wichtig, um sich gut zu entwickeln. Kinder, die regelmäßig zu wenig Schlaf bekommen, können starke körperliche und seelische Schäden erleiden.

Wie viel Schlaf braucht mein Kind?

Kleinkinder und Babys schlafen oftmals um die 12 Stunden und mehr. Bis zum zehnten Lebensjahr sollten die Kinder immer die Möglichkeit haben, zehn Stunden am Stück schlafen zu können. Wenn dein Kind die Zeit nicht braucht, ist das in Ordnung, aber die Möglichkeit sollte es haben. Das bedeutet, dass für fast jedes Kind um 20 Uhr spätestens der Tag vorbei sein sollte.

Was ist mit dem Mittagsschlaf?

Je nach individuellen Bedürfnissen möchten die Kinder teilweise bis ins Schulalter den Mittagsschlaf wahrnehmen. Und darüber hinaus ist es wie bei uns Erwachsenen, manchmal nutzen wir die Zeit eben auch für ein Nickerchen am Mittag.

Bis zum zweiten Lebensjahr kommen die Kinder meist ohne einen Mittagsschlaf nicht aus. Dabei kann die Dauer sehr stark variieren. Man sollte nur darauf achten, dass er nicht zu spät stattfindet, sodass die Zu-Bett-geh-Zeit abends eingehalten werden kann und das Kind abends müde ist.

Kinder ohne Stress hinlegen

Viele Eltern haben gerade abends das Problem, dass die Kinder nicht schlafen wollen. Mittags ist das kein so großes Problem, dann lässt man eben mal den Mittagsschlaf ausfallen, aber abends?

Auch hier hilft es wieder, sich in das Kind hineinzuversetzen. Der Tag war aufregend, Mama und Papa sind noch wach, vielleicht ist sogar Besuch da. Also wird man ganz sicher, wirklich ganz sicher wird man was verpassen. So oder so ähnlich spielt es sich dann im Kopf der Kleinen ab. Schlafen ist langweilig und bringt in diesem Alter noch keinen ersichtlichen Mehrwert.

Feste Rituale, die Spaß machen

Der beste Weg, die Kinder zum Schlafen zu bekommen, ist, das Zu-Bett-Bringen mit festen Ritualen zu versehen. Kinder lieben Rituale. Sie laufen immer gleich ab und geben dem Kind die Gewissheit, zu wissen, was passiert. Kinder schauen sich auch gerne immer und immer wieder den gleichen Film oder die gleiche Serie an, ohne dass ihnen langweilig wird.

Welches Ritual ihr macht, ist relativ egal und liegt auch stark an den Vorlieben der Kinder. Singen, Vorlesen, eine Geschichte erfinden, im Dunkeln mit der Taschenlampe Sternenbilder auf die Decke projizieren, eurer Fantasie sind keine Grenzen gesetzt. Testet einfach vieles aus und fragt immer wieder, was euer Kind gerne möchte. Schnell werden sich Favoriten herauskristallisieren.

Einschlafen leicht gemacht

Es gibt viele Kinder, die möchten einfach nicht alleine sein beim Einschlafen. Sie stehen immer wieder auf und haben tausend Ausreden, wieso sie nicht einschlafen können. Ein einfaches und adäquates Mittel ist es, wenn einer mit im Raum bleibt, so lange, bis sie eingeschlafen sind. Ich werde gleich noch auf die Thematik alleine schlafen oder nicht eingehen, aber so viel sei hier schon gesagt, es liegt nicht in unserer Natur, dass man als Kind alleine schlafen muss. Dass Kinder also auch Angst davor haben können, ist völlig natürlich.

Will euer Kind also nicht alleine einschlafen, bleibt einfach mit ihm im Raum, bis es eingeschlafen ist. Ich verspreche euch, die Zeit, die ihr im Raum verbringt, ist kürzer als die, die ihr fürs Diskutieren und fürs Rausgehen und wieder Reinschauen aufwenden müsst. Aber Achtung: Aus eigener Erfahrung kann ich sagen, legt man sich mit ins Bett, schläft man das eine oder andere Mal sogar schneller ein als das eigene Kind.

Selbst wenn ihr das nicht machen wollt, so versucht wenigstens auf die Wünsche der Kinder wie das Licht anlassen oder die Tür einen Spalt zu öffnen usw. einzugehen. Das Einschlafen bzw. Schlafen muss etwas ganz Natürliches für die Kids werden, dann wird es auch kaum noch Probleme mit dem Zu-Bett-Bringen geben.

Alpträume bekämpfen

Dass das Kind Alpträume hat, ist ganz normal. Unüblich sind regelmäßige Alpträume. Diese haben dann meistens damit zu tun, dass die Kinder entweder einen schlimmen Schicksalsschlag verarbeiten müssen oder etwas gesehen haben, wovor sie sich fürchten. Das kann auch schon ausreichen, dass dies z. B. im TV gesehen wurde.

Wichtig ist, dass die Kinder nicht ausgeschimpft oder gar dafür bestraft werden, dass sie jemanden geweckt haben. Auch sollte man sie auf keinen Fall verspotten oder die Ängste nicht ernst nehmen.

Wir können mit simplen Mitteln dem Kind die Angst nehmen. Ist der Auslöser der Alpträume bekannt, muss darüber gesprochen werden. Du kannst zum Beispiel einen Traumfänger aufhängen und dem Kind sagen, dass die Alpträume dort nun gefangen werden und nicht mehr zu ihm durchdringen. Oder es bekommt ein neues Kuscheltier, das jetzt aufpasst und das Kind beschützt.

Beginnt das Kind durch die Alpträume wieder einzunässen, sollte es für einige Zeit nicht mehr alleine schlafen.

Muss mein Kind eigentlich alleine schlafen?

Diese Frage ist überaus spannend. In unserer Natur ist es nicht vorgesehen, dass ein Kind alleine schläft. Alleine Schlafen in der Wildnis wäre der sichere Tod. Geschichtlich gibt es das Alleine-Schlafen auch noch gar nicht so lange. Erst im Mittelalter waren eigene Schlafräume ein Zeichen von Luxus und dies wurde dann nach und nach in den späteren Epochen übernommen. Auch heute schlafen in vielen Völkern dieser Welt die Familien noch zusammen. Meist aber aus wirtschaftlichen Gründen.

Gerade für Babys und Kleinkinder ist das Alleine-Schlafen verheerend. Schon aufgrund der Möglichkeit des plötzlichen Kindstodes sollte das Baby bis zu einem Alter von einem Jahr im eigenen Bett bei den Eltern schlafen. Ich habe erst kürzlich gelesen, dass die Gefahr des plötzlichen Kindstods um 75 Prozent gesenkt werden kann, wenn Kinder auf dem Rücken, im Schlafsack im Raum der Eltern schlafen.

Vorsicht, wenn das Kind mit im Eltern-Bett schläft. Hier besteht die Gefahr der Überhitzung und des Erstickens durch die Bettdecke der Eltern.

Schlafsack bis mindestens zwei Jahre

Ein ganz wichtiger Punkt ist auch folgender: Euer Kind darf niemals eine Zudecke bekommen, bis es so alt ist, dass es von alleine die Zudecke vom Gesicht ziehen kann. Babys gehören immer in einen Schlafsack. Es gibt Sommer- und Winterschlafsäcke. Welche Größe die passende ist, könnt ihr ganz einfach auf https://www.papa.de/babyschlafsack-ratgeber/nachlesen. Die Regel mit der Decke gilt übrigens auch im Kinderwagen. Oftmals liegen die Babys dort so, dass man sie gar nicht mehr sieht. Ein falscher Windstoß, eine Bodenwelle zu viel und schwups ist die Decke verrutscht. Auch in den Kinderwagen gehört ein Babysack. Aber aufgepasst, der Schlafsack darf nicht zu groß sein, sodass dein Baby in den Schlafsack rutschen kann! Also unbedingt auf die richtige Größe achten.

DIE WICHTIGSTEN SCHLAF-TIPPS

- Mittagsschlaf machen lassen. Wer nicht schlafen will, muss sich trotzdem zum Ausruhen hinlegen. (Fast alle Kinder schlafen dann auf einmal ein. *smile*)
- Erst ab drei Jahren aufwärts wird der Mittagsschlaf immer öfter wegfallen. Ob man sein Kind dann noch zum „Ruhen" hinlegen möchte, muss jeder für sich entscheiden. Gibt es in der Familie noch Kinder, die Mittagsschlaf machen, müssen sich die älteren so leise verhalten, dass die anderen schlafen können.
- Zum Schlafen eine ruhige Umgebung ohne Ablenkung einrichten.
- Feste Schlafzeiten einrichten, besonders abends.
- Vor dem Schlafengehen ein festes Zu-Bett-geh-Ritual etablieren.

Dein Kind beschäftigen für eine gewisse Zeit

Nicht immer kannst du für dein Kind ansprechbar sein, auch wenn ihr beide zu Hause seid. Du könntest dein Kind einfach vor den Fernseher setzen, aber ich möchte dir hier sinnvollere und kreativere Wege zeigen, wie du dein Kind für eine gewisse Zeit beschäftigen kannst, ohne auf Tablet, Fernseher oder Ähnliches zurückzugreifen.

Ein eigenes Reich

Selbst wenn kein eigenes Kinderzimmer vorhanden ist, so solltest du deinem Kind eine Spieleecke oder einen anderen Bereich einrichten, in dem dein Kind sich zurückziehen kann. Das ist nämlich die Grundvoraussetzung dafür, dass es sich eigenständig selbst beschäftigt.

Es benötigt dazu kein Überangebot an Spielzeug. Du musst eine halbe Stunde in der Küche etwas kochen? Dann baue deinem Kind doch die Eisenbahn auf oder das Puppenhaus. Also Dinge, die nicht immer zur Verfügung stehen und somit das Interesse des Kindes wecken.

Malen und Basteln

Wenn es schnell gehen muss und du deinem Kind spontan etwas anbieten willst, wie wäre es mit einem Blatt Papier und Malsachen auf dem Tisch? Ein paar Schnipsel, die mit Tesa aufgeklebt werden müssen? Ein Karton, der zum Flugzeug zusammengebastelt wird. Je nach Alter des Kindes gibt es hier viele tolle Möglichkeiten. Auch Ausmalhefte, Malen nach Zahlen oder ähnliche Vorlagen sind hier hilfreich.

Zu Freunden schicken

Besonders entspannend ist es, wenn Freunde in der direkten Nachbarschaft wohnen, zu denen man das Kind schicken kann. Dies gilt dann natürlich auch im Umkehrschluss für die andere Seite, sodass beide Parteien mal kinderfrei haben können. Am einfachsten baut man sich Freundschaften in Sportvereinen oder Kita auf, da die Kinder hier im gleichen Alter sind.

Helfen lassen

Bei der Hausarbeit und Ähnlichem können die Kinder schon früh mitmachen. Auch Kochen ist kein Problem. Die Kinder freuen sich oftmals, wenn sie behilflich sein können und lernen so spielerisch den Alltag kennen. Dabei ist es egal, ob es eine echte Hilfe ist oder nur beschäftigt wird. Selbst das Staubsaugen mit Papa oder Mama zusammen, auch wenn es nur ein Spielstaubsauger ist, lässt das Kind die Erwachsenenwelt erfahren und macht Spaß. Beim Kochen können Verpackungen aufgerissen oder Gemüse in einen Topf geschüttet und umgerührt werden etc.

Beim Kochen achte bitte unbedingt auf die Sicherheit des Kindes und warne es immer wieder vor den Gefahren in der Küche. Das kannst du auch durch spielerisches Nachfragen gestalten. „Was passiert, wenn du einen heißen Kochtopf anfasst? Woran erkennst du, dass das Wasser kocht? Darf der Griff über die Arbeitsplatte stehen? Nein? Wieso nicht?“

Zum Spielen nach draußen

Ältere Kinder können ggf. auch schon mal zum Spielen vor die Tür, in den Garten oder auf den Hof geschickt werden. Hier sollten wir regelmäßig einen Blick auf sie werfen können und unsere elterliche

Fürsorgepflicht wahrnehmen können. Je älter das Kind jedoch ist, desto weniger müssen wir sie im Auge behalten.

Puzzle und Bauklötze

Viele Kinder lieben es, etwas zu erschaffen. Älteren Kindern kann man Lego geben zum Bauen. Vielleicht konkret mit einer Art Bauauftrag. „Schatz, ich möchte, dass du mir einen Turm baust, der mindestens bis an deine Brust reicht." Je konkreter der Auftrag ist, umso einfacher ist es für viele Kinder, da sie dann genau wissen, was sie machen sollen. Gerade junge Kinder haben oftmals das Problem, eine Aufgabe zu finden und fangen dann sehr viele Sachen an, die sie aber nur für eine kurze Zeit ausüben.

Auch das Puzzle ist für Kinder eine tolle Beschäftigung, da das Ziel klar definiert ist mit dem fertigen Bild.

Spiel & Spaß/Papa-Kind-Zeit

Erinnerst du dich an die fünf Glücksgeheimnisse am Anfang des Buches? Gemeinsame positive Zeit ist in einer funktionierenden Papa-Kind Beziehung eine wichtige Basis. Und je weniger gemeinsame Zeit ihr habt, umso wichtiger ist es, diese Zeit mit deinem Kind intensiv zu erleben und bewusst zu gestalten.

Toben macht glücklich

Dein Kind liebt es, mit dir zusammen zu toben. Kitzeln, lachen, raufen: Nicht nur deinem Kind tut die Nähe und Körperlichkeit bei diesen Aktionen gut, auch bei dir werden viele Glückshormone ausgeschüttet, wenn du fröhlich lächelnd und lachend mit deinem Kind rumtobst.

Und das Schöne ist auch, hier gibt es kein „zu alt“. Du musst nur darauf achten, dass sich die Toberei nach einer gewissen Zeit nicht hochschaukelt und das Kind überdreht. Toben Kinder miteinander, kann man die Uhr danach stellen, wann der oder die erste sich wehgetan hat.

Toben ist im Übrigen auch anstrengend. Nach dem Toben sollte daher ausreichend getrunken werden. Wenn ihr in ein Tobeland geht, sollte gerade das Trinken nicht vergessen werden.

Tipps für neue Ideen sammeln

Irgendwann gehen dir einfach die Ideen für die gemeinsame Zeit aus. Du kannst dann in unserer Papa-Gruppe auf Facebook einfach nach Tipps fragen, oder du schaust dir die regionale Zeitung an, die möglicherweise regelmäßig in deinem Briefkasten liegt.

Ob Hüpfburganlage, Puppentheater oder eine Monster-Truck-Show – dort erfährst du, was aktuell los ist. Natürlich kannst du die Informationen auch aus örtlichen Facebook-Gruppen oder ähnlichen Foren erhalten, wichtig ist nur, dass du regelmäßig danach Ausschau hältst und es dir auch im Vorfeld notierst. Das hilft bei der Tagesplanung manchmal ungemein.

Museum und Kultur

Viele Eltern befürchten, ein Museum sei noch nichts für ein Kind. Ganz im Gegenteil. Es ist etwas komplett Neues, schon deshalb lieben Kinder es. Die Zeitdauer, wie lange sie sich konzentrieren und begeistern können, das variiert. Mein dreijähriger Sohn war schon im Technikmuseum, Eisenbahnmuseum, Naturkundemuseum, und auch das Feuerwehrmuseum hat ihm gefallen. Schwieriger zu vermitteln sind Kunst oder Museen mit viel und wenig kindgerechter Information. Viele Museen haben – gerade an den Wochenenden – ein durchdachtes pädagogisches Angebot speziell für Kinder.

Die Zeitdauer würde ich völlig flexibel handhaben. Manchmal reichen 45 Minuten, manchmal vergehen zwei Stunden wie im Flug. Ich verbinde das noch mit einer Anreise per Bus und Bahn und schon sind wir mehrere Stunden lang beschäftigt mit Dingen, die mein Kind toll findet. Wir sollten uns also nur von dem Gedanken lösen, irgendwohin zu fahren, um dort stundenlang zu bleiben, dann kann man ein Kind auf einmal überall hin mitnehmen.

Spielt mit eurer Fantasie

Nicht immer muss es der reale Ausflug sein. Erlebt im Spiel und in eurer Fantasie spannende Momente. So könnt ihr im Wald auf Monster-Jagd gehen. Findet ihr Spuren auf dem Boden, die ihr verfolgen könnt? Oder wie wäre es mit einem Restaurantbesuch? Du bist der Gast und wirst bedient und bekocht? Das abendliche Vorlesen in einer dunklen Bettdecken-Höhle mit Taschenlampe ist auch gleich viel spannender. Wer kennt es nicht aus seiner eigenen Kindheit, das Räuber- und Gendarm-Spiel? Meist möchten Kinder die Guten sein, also ab in die Rolle des bösen Räubers und lass dich verhaften. Vorher, gut versteckt, musst du natürlich erstmal gefunden werden von der Polizei.

Gemeinsam statt einsam – Handy aus

Egal was ihr macht, wenn du etwas mit deinem Kind machst, konzentriere dich nur auf dein Kind. Gerade in der heutigen medialen Zeit neigen wir dazu, uns schnell ablenken zu lassen. Hier eine Nachricht am Handy, da noch schnell etwas im Internet nachsehen.

Unsere Kinder bekommen das mit. Wie fühlt es sich wohl für dein Kind an, wenn Papa die ganze Zeit aufs Handy schaut und nur nebenbei anwesend ist. Es suggeriert, dass das Handy wichtiger ist. In der Kinderzeit, also der gemeinsamen Zeit, leg dein Handy weg oder mach es aus.

Drücke deine Gefühle aus

Damit du und dein Kind eine tolle Zeit zusammen habt, sag deinem Kind, dass du es liebst. Gerade in den schönen Momenten beim Spielen und Spaß zusammen haben, freut sich dein Kind über diese Zusicherung umso mehr. Ist eure private Situation eher schwierig, ist es für die Kinder umso wichtiger, von Papa (und natürlich auch Mama) zu hören, dass es geliebt wird.

Ihr werdet es vielleicht auch am Verhalten eures Kindes merken, was es gerade braucht. Wenn dein Kind von sich aus ankommt und dir mitteilt, dass es dich liebhat und/oder dich einfach in den Arm nimmt, kann es sein, dass ihm/ihr die Nähe zu dir fehlt.

Bitte nicht schimpfen

Während der gemeinsamen Spielezeit solltet ihr versuchen, diese so positiv wie möglich zu gestalten. Versucht also nicht zu schimpfen. Dinge, die nicht so gut gelaufen sind, sprecht ihr später an.

Denn Kinder sollen mit der gemeinsamen Zeit nur positive Verknüpfungen im Gehirn abspeichern; und negative Eindrücke diese gemeinsame Zeit nicht entwerten. Dies ist nicht immer einfach und manchmal geht es schlichtweg auch nicht. Jedoch kann es mit einem gewissen Bedacht auch vermieden werden.

TIPPS & TRICKS

- Schon die Anreise zum Museum, Tobeland oder ins Schwimmbad ist der halbe Spaß.
- Lasst eure Kinder Ideen sammeln, was sie machen wollen: Der Zirkus ist in der Stadt, Flohmarkt, Hüpfburg …
- Legt euch kleine Karteikarten an mit Ideen für Aktivitäten für drinnen und draußen. Das könnt ihr auch mit dem Kind zusammen machen. So habt ihr eine Aktivitätenbox, auf die ihr zurückgreifen könnt, wenn euch spontan nichts einfällt. (PS: Lasst Besucher wie Oma/Opa auch in die Box schauen, Ideen ergänzen.)
- Kinder sind Gewohnheitstiere. Du bist einmal im Museum und glaubst, da brauchst du nun mit deinem Kind das nächste Jahr nicht mehr hingehen? Du wirst erstaunt sein, wenn dein Kind noch mehrmals in einem wöchentlichen Abstand Spaß daran hat. Lass dein Kind also entscheiden, wann es genug ist.

Familienzeit

Falls du alleinerziehend bist oder keine Partnerin hast und dein Kind nur ab und zu siehst, ist dieser Abschnitt leider nichts für dich und du kannst ihn gerne überspringen.

Dass der Alltag mit Kindern nicht immer einfach ist, ist nun sicherlich kein Geheimnis. Die spannende Frage ist aber, was du machen kannst, damit die Familienzeit besser funktioniert.

Sorge für deine Ausgeglichenheit

Nun, du musst glücklich sein, damit du andere glücklich machen kannst. Wenn du mit dir und deinem Leben unzufrieden bist, wirst du dies unweigerlich an deiner Familie auslassen bzw. wird sie dieses zu spüren bekommen. Dabei kann es gut sein, dass es gar nicht an Frau und Kindern liegt, sondern vielleicht an anderen Umständen.

Lass dich nicht stressen und sorge für Ausgleich. Damit die Familienzeit schön wird, musst du dir auch Zeit für dich nehmen. Geh zum Sport, spazieren, triff dich mit Freunden. Mach etwas, was dich runterbringt und wo du Energie tanken kannst.

Zeit ist kostbar

Ähnlich wie in der Papa-Kind-Zeit ist die Familienzeit heilig. Also Handy aus und Fokus auf die Familie. Je größer eine Familie ist, je weniger Momente werdet ihr haben, in denen ihr wirklich alle zusammen Zeit habt und etwas machen könnt.

Es bietet sich daher an, feste Termine auszumachen, sodass jeder sich diese Zeit auch freihalten kann.

Was genau gemacht wird, ist egal, es muss etwas sein, was allen gefällt und auch regelmäßig umsetzbar ist.

Spieleabende bieten sich an oder auch ein Ausflugstag, ein gemeinsamer Musiktag, ein Tag, an dem gemeinsam gekocht und gebacken wird.

Monats-Highlights

Egal ob ihr viel oder wenig Geld zur Verfügung habt, eine Menge Aktivitäten werden Geld kosten. Wenn ihr diese teuren Aktivitäten regelmäßig ausübt, werden diese für die Kinder normal und sind nichts Besonderes mehr. Spielplatzbesuche oder Ähnliches rufen auf einmal nicht mal mehr ein müdes Lächeln hervor. Wir haben die Kinder dann zu sehr verwöhnt.

Besser ist es, die besonderen Aktivitäten gezielt zu genießen. Da Kinder Fans von Wiederholungen sind, macht es sich gut, ein oder zwei Mal im Monat ein Monats-Highlight (oder wie auch immer ihr es nennen wollt) auszurufen. Die Vorfreude ist dann umso größer.

Pro Trip Geld zur eigenen Verantwortung

Gerade Ausflüge, die Geld kosten, sind eine geeignete Möglichkeit Kindern schon früh die Bedeutung von Geld beizubringen und zu vermitteln, dass Geld nicht unendlich vorhanden ist. Ihr könnt eurem Kind also in einem Freizeitpark Geld geben und es entscheidet, für welche Attraktionen es ausgegeben wird. Oder in einem Supermarkt Geld für Süßigkeiten usw.

Ihr stärkt auch schon früh die Selbstbestimmung und lasst euren Kindern Entscheidungsspielräume, in denen sie mit dem Geld das machen können, was sie möchten. Übrigens klappt das nicht bei allen Kindern reibungslos. Aber einen Versuch ist es auf jeden Fall wert.

Wenn es mal kracht

Familienzeit bedeutet nicht automatisch, dass alles gut läuft. Im Gegenteil, gerade bei mehreren Kindern kann das auch in Stress ausarten. Krach gehört zum Familienleben dazu. Wichtig ist, dass der Streit nicht eskaliert (siehe Streitregeln S. 106) und sich danach auch wieder vertragen wird. Egal wer aus der Familie mit wem Streit hatte, der Streit sollte nie einen ganzen Tag kaputt machen oder gar länger gehen.

Wenn Mama und Papa zusammen sind, ist es oftmals so, dass ein Teil mit dem Kind schimpft und der andere dann ein schlechtes Gewissen hat und das Kind tröstet. Auch hier, selbst wenn es schwerfällt, müssen beide an einem Strang ziehen und dem Kind klipp und klar verdeutlichen, dass Mama und Papa ein Team sind. Es ist sinnvoll, sich unter vier Augen auszutauschen und abzustimmen oder auch dem Partner zu sagen, was einem nicht gefallen hat in der Erziehung oder dem Umgang mit den Kindern. Vor den Kindern solltet ihr solche Diskussionen aber vermeiden. Auch darf es auf keinen Fall eine Zuordnung in einen lieben und einen bösen Elternteil geben, das wäre mehr als unfair. Dieser Part hätte es deutlich schwerer, eine Bindung zu den Kindern aufzubauen.

Was, wenn das Kind die gemeinsame Zeit nicht möchte?

Irgendwann ist es soweit und dein Kind möchte nicht mehr so viel mit dir unternehmen wie vorher. Dann sind die Freunde wichtig und die Prioritäten verschieben sich.

Hier hilft der gemeinsame Dialog. Je nachdem, wie sicher man bisher eine Verbindung zu seinem Kind aufgebaut hat, klappt das mal mehr mal weniger gut. Seid ehrlich und sagt euren Kindern auch, dass ihr gerne Zeit mit ihnen verbringt. Dass ihr sie versteht, aber das ein wenig Zeit auch für euch übrigbleiben sollte.

Auch wenn im ersten Moment bei den meisten Kindern die Worte nicht ankommen, so machen sie sich schon Gedanken. Versucht einen Kompromiss zu schließen und akzeptiert, dass eure Kinder irgendwann auch groß werden. Sie zu zwingen, Zeit mit dir zu verbringen, wird weder für dich noch für das Kind dann eine schöne Zeit. Gerade wenn du als Papa dein Kind nicht die ganze Zeit bei dir hast, und der Lebensmittelpunkt nicht bei dir liegt, kann es sein, dass dein Kind nicht zu dir will, sondern zu Hause bleiben bei den Freunden. Hier gilt das gleiche Prinzip, wie ich es eben beschrieben habe. Sei ehrlich und rede mit deinem Kind, aber akzeptiere auch, dass die gemeinsame Zeit mit dem Älterwerden der Kinder einfach weniger werden kann.

TIPPS & TRICKS

- Es geht darum, gemeinsam Zeit zu verbringen. Je weniger Zeit du mit deinem Kind hast, desto intensiver sollte diese sein. Dies ist besonders für eure Bindung zueinander wichtig.
- Leg das Handy weg. Das Handy ist der Ablenkungsfaktor Nr. 1.
- Zeige deinem Kind, dass es dir wichtig ist. Wenn du viel arbeiten musst und wenig zu Hause oder Trennungs-Papa bist, dann kann es sein, dass dein Kind sich nicht geliebt fühlt.
- Lass deine Alltagsprobleme draußen und nimm sie nicht mit in die gemeinsame Zeit mit deinem Kind.
- Du kannst dir die Liebe zu deinem Kind nicht erkaufen. Geld ersetzt nicht Aufmerksamkeit und Interesse.

Urlaub

Urlaub kann die schönste Zeit des Jahres werden. Wann sonst hat Papa die Gelegenheit, ohne Stress und Termine so viel Zeit mit der Familie zu verbringen? Diese Höhepunkte im Jahr genießen alle, wenn einige Dinge beachtet werden.

Geeignetes Urlaubsziel

Als Erstes musst du dir überlegen, welches Urlaubsziel das passende ist. Fährst du alleine mit deinem Kind, entscheidest du das für dich allein, fährst du mit Partner oder einem älteren Kind, müsstest du dich natürlich absprechen.

Möchtest du zum Beispiel im Urlaub vor allem entspannen, dann fahre in ein Kinderhotel. Stellst du dir vor, dass die Kids mit dir jeden Tag den Urlaubsort erkunden, dann wird der Urlaub schnell aus dem Ruder laufen.

Generell sind die meisten Kinder Wasserratten, egal ob sie schon schwimmen können oder nicht. Also wenn es warm ist und Wasser (egal ob Meer oder Pool) in der Nähe, hast du ein glückliches Kind.

Wie weit kann ich reisen?

Ist dein Kind noch nicht in der Schule, empfiehlt es sich immer, außerhalb der Ferienzeit zu reisen. Da ist es meistens nicht nur halb so voll, sondern auch wesentlich günstiger.

Bei der Frage „wohin reisen“ entscheidet natürlich nicht nur die Geldbörse. Gerade mit Babys und Kleinkindern kommt oft die Frage auf, wie weit kann ich eigentlich reisen?

Generell gibt es hier keine pauschale Antwort. Bei jeder Reise musst du bedenken, dass es für Kinder unheimlich schwierig ist, für eine längere Zeit still zu sitzen. Bist du also mit dem Auto unterwegs, musst du längere Pausen einplanen und nicht zu lange Strecken. So kann man schon für die Anreise zwei oder drei Tage unterwegs sein.

Bei den Flugreisen fällt vielen Kindern schon der Flug nach Mallorca schwer. Fliegt man nun noch weiter, muss der Flug gut vorbereitet werden.

Hier ist es dann entscheidend, die Flugzeiten – wenn möglich – so zu legen, dass Schlafzeiten eingehalten werden können. Neben Büchern und Spielen darf es, um die Zeit zu überbrücken, der Film auf dem Tablet sein. Eine längere Flugreise kann für alle sehr anstrengend werden. Gerade wenn es das erste Mal ist, lässt sich nicht voraussagen, wie dein Kind auf dem Flug reagieren wird.

Auf was sollte ich beim Hotel achten?

Kinderfreundliche Hotels/Kinderhotels haben sich auf Familien spezialisiert. In solchen Hotels findet man entsprechend viele Familien mit Kindern, was es gerade älteren Kindern ermöglicht, schnell Freundschaften vor Ort zu schließen.

Aber auch die Sicherheit ist ein wichtiges Thema. Gerade wenn Pool und Co. vorhanden ist, sollte darauf geachtet werden, dass es hier altersgerechte Becken und Bademeister gibt. Und was ist, wenn dein Kind krank wird? Diese Frage solltest du dir nicht erst vor Ort stellen, sondern mit in die Suche nach dem geeigneten Urlaubsort einfließen lassen.

Soll es ein Strandurlaub sein? Gut, dann achtet aber auf Sandstrand und einen flach abfallenden Strand. Hat das Hotel Partygäste? Liegt es im Zentrum, wo feiernde Jugendliche sind? Dann wird es schwer, in der Nacht zu schlafen mit Kids.

Es empfiehlt sich also, sich im Vorfeld genau zu informieren. Auf papa.de haben wir eine Suche nach kinderfreundlichen Hotels. Es gibt aber auch für fast jeden Urlaubsort Facebook-Gruppen, wo man nach Erfahrungswerten fragen kann.

Die Zeit vor Ort

Im Urlaub darf gerne alles etwas entspannter sein. Mal eine halbe Stunde länger aufbleiben? Etwas Besonderes essen oder trinken? Es ist Urlaub und da darf auch gerne mal von der Norm abgewichen werden, ohne dass du befürchten musst, der Alltag ist nun versaut.

TIPPS & TRICKS

- Um den Überblick zu behalten: Macht euch eine Liste, was ihr alles mitnehmen wollt und packt nicht einfach blind ein.
- Lasst das Kind seinen eigenen kleinen Rucksack packen.
- Für die Reise braucht es Spielzeug zur Beschäftigung, damit die Kids auch einen Drei-Stunden-Flug überstehen. Spielt euer Kind schon UNO oder Ähnliches? Super und wieder sind 20 Minuten überbrückt, also einpacken!
- Wechselsachen/Windeln solltet ihr griffbereit haben und prüfen, ob ihr diese am Urlaubsort einkaufen könnt.
- Überlegt euch, ob ihr einen Kinderwagen/Buggy am Urlaubsziel braucht.
- Gerade im Sommer: Denkt an Sonnencreme und auch Medikamente, falls diese vor Ort nicht käuflich zu erwerben sind.
- Der Urlaub ist etwas Besonderes, also sind hier auch Ausnahmen erlaubt. Macht euch einfach schöne gemeinsame Tage.

SO MACHST DU DEIN KIND ZU EINEM GLÜCKLICHEN MENSCHEN

Wir Eltern haben eine große Aufgabe, nämlich unser Kind so lange zu begleiten und auf es aufzupassen, bis es für sich selber sorgen kann. Zumindest war es von der Natur mal so vorgesehen. Heutzutage ist Erziehen aber komplizierter. Die Aufgaben und Ansprüche haben sich erweitert. Unser Kind soll nicht nur selbstständig werden, sondern auch glücklich.

Gewaltfreie Erziehung

Als ich die Themen für das Buch zusammengestellt hatte, überlegte ich noch, ob ich Gewaltfreiheit wirklich aufnehmen sollte, denn gewaltfreie Erziehung ist doch selbstverständlich .... Gestern wurde ich eines Besseren belehrt.

Ein Papa hat im Chat der Papa-Gruppe einen Sachverhalt geschildert, bei dem er sich unsicher war, wie er reagieren sollte. Im Kindergarten hatte eine Mutter ihrem Sohn auf die Finger gehauen. Er stellte sich die Frage, ob dies o.k. sei?

Wirklich erschrocken war ich über die vielen Kommentare, die folgten: „Ein Klaps hat noch niemandem geschadet", „Mein Kind bekommt auch eine gewatscht", „Hat mir auch nicht geschadet" usw. Zwar waren sich alle einig, dass ein Zuviel nicht akzeptabel ist, aber einige meinten, ein bisschen Gewalt sei o.k. Jemand verwies sogar noch auf das elterliche Züchtigungsrecht – das es seit gut 20 Jahren nicht mehr gibt!

Jedes Kind hat das Recht auf gewaltfreie Erziehung

Gewalt – egal in welcher Form und dazu gehört auch der „Klaps" – stellt eine Straftat dar. Gewalt gegen Kinder ist verboten, da gibt es einfach nichts mehr darüber zu diskutieren. Jemand, der es nötig hat, ein Kind zu schlagen, was sich körperlich nicht einmal wehren kann, und sein Verhalten noch damit begründet, dass es ihm ja auch nicht geschadet habe, muss dringend seine Einstellung hinterfragen.

Welche Möglichkeiten der Erziehung habe ich?

Im Grunde gibt es derzeit zwei Erziehungsmethoden. Die autoritäre und antiautoritäre. Bei der erstgenannten Methode geht es darum, dass wir sehr genaue und viele Regeln aufstellen. Wir erziehen unser Kind. Bei der zweitgenannten Methode wird dem Kind die größtmögliche Freiheit gegeben und Regeln, so gut es geht, vermieden. Alleine darüber könnte man nun stundenlang diskutieren, Vor- und Nachteile benennen und sich über die gegenseitig widerlegten Studien amüsieren. Natürlich gibt es noch Ansätze wie die von Jesper Juul und anderen. Dennoch bewegen sich diese meistens irgendwo zwischen den beiden oben genannten. Auch werden die meisten Eltern nicht stur eine Erziehungsmethode anwenden, sondern je nach Situation zu einer der beiden Richtungen tendieren.

Die Leitplanke – ein hilfreiches Bild

Ich empfehle die Mitte. Wieso sich für eine Seite entscheiden, wenn man das Beste aus den beiden Methoden vereinen kann? Kinder brauchen Strukturen, klare Abläufe und Regeln. Sie brauchen aber auch Freiraum und die Möglichkeit, sich zu entfalten.

Aus diesem Grunde habe ich das Leitplankenmodell entworfen. Am einfachsten ist es anhand eines Beispiels zu verstehen.

Es ist Wochenende und dein Kind fängt an, unruhig zu werden. Du möchtest gerne mit deinem Kind raus. Wenn du dein Kind nun fragen würdest, was es machen möchte und dies dann auch umsetzt (selbst wenn es fernsehen äußert), wäre das suboptimal. Bestimmst du einfach, was ihr macht, ohne auf das Interesse deines Kindes zu achten, ist das auch irgendwie einseitig.

Du bist also die Leitplanke. Du bestimmst zum Beispiel, dass ihr rausgeht, dein Kind kann sich innerhalb der Leitplanken aber frei entfalten, indem es bestimmt, was ihr draußen macht. Wir fassen also die großen wichtigen Entscheidungen, geben unserem Kind aber innerhalb dieser ausreichend Spielraum, sich selbst zu verwirklichen.

Es ergänzt sich auch gut mit meinem schon angesprochenen Prinzip des Kompromisses.

Wichtig ist auch hier wieder, dass ihr konsequent seid. Wenn euer Kind anfängt zu nörgeln, dass es nicht rausgehen, sondern fernsehen will, verschärft ihr den Ton und sagt, dass es da keine Debatte gibt und wenn es nicht aufhört, ihr auch noch entscheidet, was draußen unternommen wird. Euer Kind muss verstehen, dass es

- euch nicht auf der Nase herumtanzen kann,
- die Privilegien, welche es hat, nicht selbstverständlich sind.

Verständnis statt Konfrontation

Bei der gewaltlosen Erziehung muss man sein Kind lesen können. Ihr müsst wissen, was eurem Kind wichtig ist und mit welchen Argumentationen und Verhalten ihr weiterkommt. Ein Kind, das sich nichts aus Süßigkeiten macht, wird sich vom angedrohten Süßigkeiten-Entzug nicht von seinen Wünschen abhalten lassen.

Ganz wichtig ist auch, dass ihr euer Kind niemals in die Ecke drängen dürft. Gebt eurem Kind immer die Chance, aus einer Situation durch positives Verhalten noch herauszukommen und seine Situation zu verbessern.

So wissen meine Kinder zum Beispiel, dass Lügen zu den schlimmsten Dingen gehört, die sie tun können. Wenn sie die Wahrheit erzählen, dann führt es meist dazu, dass sie hier weniger Konsequenzen zu tragen haben. Die Wahrheit muss sich also lohnen. Kinder sind da pragmatisch. Sie kennen die Eltern auch ganz genau und wissen meist schon im Voraus, was für eine Strafe sie erwartet.

Erziehung ist ein fortlaufender Prozess, in dem nicht nur die Kinder dazulernen, sondern auch die Eltern. Wenn du also die Leitplanken vorgibst, selbst als Vorbild lebst und konsequent deine Ansichten und Werte vermittelst und durchsetzt, wirst du mit hoher Wahrscheinlichkeit keine großen erzieherischen Ausfälle haben.

TIPPS & TRICKS: GEWALTFREI ERZIEHEN

- Lass deinen Stress nicht an den Kindern aus. Wenn du also zu Unrecht mit deinen Kindern geschimpft hast, entschuldige dich. So lernen die Kleinen gleich, dass Entschuldigungen dazugehören.
- Bevor du explodierst, verlasse den Raum oder die Wohnung. Atme tief durch und mach dir immer wieder bewusst: Du bist der Erwachsene, das sind Kinder.
- Mein bester Tipp: Lerne dein Kind kennen. Wie reagiert dein Kind auf gewisse Situationen, mit was hast du Erfolg, mit was nicht? Lerne aus vergangenen Situationen und handle nicht immer gleich, wenn du ein anderes Ergebnis erwartest.
- Kompromisse sind ein hilfreicher Weg, um ein negatives Verhalten nicht zu belohnen, aber eine Eskalation zu umgehen.
- Schon recht früh können auch Erklärungen dazu beitragen, dass die Situation nicht aus dem Ruder läuft. Erklärt man Kindern kindgerecht, wieso gewisse Dinge nun notwendig sind, verstehen das viele.
- Ebenfalls wichtig ist es, einen Endpunkt der „Diskussion" festzulegen. Ab diesem Zeitpunkt musst du dann handeln. Diese Eckpfeiler müssen immer gleich sein, nur so kann dein Kind lernen, sich an feste Regeln zu halten, und du verhinderst Kontrollverlust, die häufigste Ursache von elterlicher Gewalt, und dass eine Situation eskaliert.

Vertrauen und Verantwortung übertragen

Dein Kind wird sehr früh, sehr schnell flügge. Wir kennen den Spruch wohl alle, aber wie früh die Kleinen tatsächlich selbstständig werden, sagt uns keiner.

Vertrauen und Verantwortung übertragen bedeutet für dich als Papa auch loszulassen. Wenn man keine Kinder hat, wird man das nie verstehen. Diese Angst, das eigene Kind zu verlieren oder dass ihm/ihr etwas passieren könnte. Diese Ängste können bei Eltern so groß werden, dass sie zu sogenannten Helikopter-Eltern werden, ihr Kind am liebsten in Watte hüllen und sie auf Schritt und Tritt verfolgen.

Wir müssen also erst einmal selber lernen, unserem Kind zu vertrauen. Das fängt bei Kleinigkeiten an. Dein Kind kann kaum aufrecht auf einem Stuhl sitzen, schon möchte es mit Messer und Gabel essen. Das hingereichte Kinderbesteck wird kopfschüttelnd abgelehnt und das Besteck von Papa vehement eingefordert. Oder beim Brötchenholen: Mein Großer (acht Jahre) und Mittlerer (drei Jahre) wollten eines Tages gemeinsam am Wochenende zum Brötchen kaufen gehen. Dazu müssen sie zwei Straßen überqueren. Meine Gedanken waren voller Sorge: Schafft der Große es, auf den Mittleren aufzupassen? Hört der auch auf den Großen? Schauen die beim Überqueren der Straße? ... Während ich so in meinen Gedanken war und meine Kinder mich nur fragend anschauten, meinte meine Frau ganz trocken, ich schreib euch schnell einen Zettel und gebe euch das Geld. Ihr seid ja schon groß, ihr schafft das!

Wir können unsere Kinder nicht vor allem schützen

Ich bin überzeugt, dieser Punkt ist enorm wichtig. Wir müssen unser Kind vor allem schützen, bei dem es sich wirklich schwer verletzten könnte. Dass Kinder hinfallen, sich schneiden, Schmerzen erleiden und ihre eigenen Erfahrungen damit machen, das müssen wir ihnen aber gewähren. Möchte dein Kind also mit eineinhalb Jahren mit Messer und Gabel essen, dann unterstütze dein Kind dabei.

Wichtig ist, dass wir unsere Kinder vorbereiten und bei den ersten Schritten begleiten.

Ihr entscheidet, wann und wie viel

Gerade in der heutigen Zeit möchte keiner als Helikopter-Elternteil gelten. Dennoch kennst du dein Kind am besten und kannst entscheiden, wann du wie viel Selbstständigkeit zulassen kannst.

Kontrolle gehört da auch mit hinzu. Es sind noch immer unsere Kinder, und wir als Eltern haben da auch eine Kontrollpflicht. Nur so können wir bei Fehlern eingreifen und korrigieren. Würden wir nicht kontrollieren, würde sich Fehlverhalten verfestigen.

Verantwortung Stück für Stück übertragen

Ein guter Weg zum selbstständigen Menschen ist es, wenn ihr die Verantwortung Stück für Stück übertragt. Im Grunde kann das auf jede Situation angewandt werden. Ihr fangt klein an und steigert dann Stufe für Stufe. Ihr nehmt immer mehr hinzu, bis es zu dem Punkt gekommen ist, wo dein Kind hinmöchte.

Das kann und muss man den Kindern auch so erklären. Auch steigt die Motivation, das zu erreichen, was man sich vorgenommen hat, enorm an. Möchte dein Kind mit zwei Jahren sich alleine die Zähne putzen, dann lass es dies tun und putze danach nochmal ordentlich nach. Dein Kind möchte von sich aus die Windel ablegen und ohne schlafen, dann mach das mit, auch wenn es mal daneben geht. Kindertrinkbecher sind out, es soll jetzt das richtige Glas her? Super!

Es geht nicht darum, dass alles von Anfang an klappt, sondern darum, dass die Kinder nicht ausgebremst werden in ihrem Entdeckungs- und Tatendrang.

Ab wann nimmt man erteiltes Vertrauen wieder zurück?

Die Frage ist eigentlich recht simpel. Wenn etwas schiefläuft. Klappt es nicht, bedeutet das nichts anderes, als dass wir uns geirrt haben und unser Kind noch nicht so weit ist.

Schwierig an der ganzen Sache ist aber, dass unser Kind das nicht so einfach verstehen wird. Die Wahrscheinlichkeit, dass unser Kind dies als herben Rückschlag verbucht, ist sehr groß. Aus diesem Grunde solltet ihr euch gut überlegen, wann ihr was zulasst und wie beschrieben eher schrittweise vorgehen. Tut sich dein Kind mit einem Schritt schwer, gebt ihr ihm mehr Zeit zum Üben, bevor ihr zum nächsten Schritt übergeht. Das ist für die Entwicklung des Kindes schonender, als einmal erteiltes Vertrauen wieder zu entziehen.

Wo sind die Grenzen zwischen Vertrauen, Selbstständigkeit und sich selbst überlassen?

Eine große Gefahr, besonders in der antiautoritären Erziehung, liegt darin, die Kinder sich selbst zu überlassen. Sie müssen selbst entscheiden, was sie noch nicht entscheiden können und finden nicht den Halt, den Grenzen und Regeln geben. Es ist daher enorm wichtig, dass dein Kind um die Grenzen des Vertrauens und seine Freiheiten weiß. Am besten lernt es von Anfang an, dass eben auch nachkontrolliert wird.

Wenn dein Kind das erste Mal alleine auf den Hof spielen gehen darf, dann ist es normal, dass Mama oder Papa öfter aus dem Fenster schauen, um nachzusehen, ob alles o.k. ist.

Das Bild der Leitplanken hilft dir auch hier wieder weiter. Solange du den äußeren Rahmen absteckst, darf sich dein Kind innerhalb frei bewegen. Du stellst im Grunde die Spielregeln auf und spielst den Schiedsrichter. Gerade Letzteres ist für dein Kind wichtig, denn so erfährt es, Papa interessiert, was ich hier mache. Die Kinder fühlen sich dann sicher und bestätigt, da sie wissen, Papa (oder Mama) glaubt an mich und an das, was ich mache. Sie haben also Vertrauen in mich. Mit diesen Gedanken wirst du ein selbstbewusstes Kind großziehen.

TIPPS & TRICKS: VERTRAUEN SCHAFFEN

- Die Verantwortung des selbstbestimmten Handelns gibst du schrittweise ab.
- Du musst dich mit dem, was du entscheidest, wohlfühlen und hinter den Maßnahmen stehen. Ein Hin und Her ist nicht zu empfehlen.
- Traue deinem Kind ruhig zu, Dinge alleine zu meistern.
- Kontrolliere, was und wie dein Kind etwas macht, lass aber Fehler zu. Verbessere nicht sofort, sondern lasse erstmal ein bisschen Zeit verstreichen, ansonsten kann es demotivierend fürs Kind sein.
- Lobe dein Kind überschwänglich, wenn es gewisse Meilensteine in der Selbstständigkeit erreicht hat. Nachdem meine Jungs das erste Mal beim Bäcker waren, haben wir ihnen zwei Tage lang erzählt, wie stolz wir auf sie sind. (Seitdem gibt's jedes Wochenende Brötchen ins Haus geliefert von den Kids. *smile*)
- Sei kein Bremsklotz beim Selbstständigwerden der Kinder.

Sozial kompetent: Erziehung zu einem liebevollen Menschen

Neben dem Vertrauen in dein Kind, mit dem du es selbstständig handeln lässt, ist es deine Aufgabe als Elternteil, deinem Kind soziale Kompetenz und Werte zu vermitteln. Die meisten Eltern wünschen sich für das eigene Kind, dass es sich gut in die Gemeinschaft integriert, Freunde hat und kein Außenseiter wird.

Vorbildfunktion

Die Eltern (und auch Geschwister) sind die ersten sozialen Kontakte, an denen sich dein Kind orientieren wird. Mit dem Kindergarten und der Schule kommen dann die Freunde/andere Kinder hinzu, wobei die erste Formung des Charakters dann schon stattgefunden hat.

Einige Ausprägungen im Verhalten und Wesen mögen genetisch veranlagt sein. Ob ein Kind kontaktfreudig ist, offen oder eher zurückhaltend, hat nicht immer etwas mit dem Erlebten zu tun, sondern kann auch einfach Ausdruck des eigenen Charakters sein.

Einen sehr hohen Stellenwert nehmen aber die Eltern ein. Wie gehen Mama und Papa miteinander und mit den Geschwistern um? Sind sie eher aktiv und sportlich oder hängen eher zu Hause vor der Glotze? Lieben sie das Kochen oder gibt es nur Fast Food? Alles, was wir machen, wird Auswirkungen auf unsere Kinder haben.

Kinder brauchen Kinder

Jedes Kind braucht den Umgang mit Gleichaltrigen. Ob nun bei der Tagesmutter, dem Kindergarten oder beim täglichen Umgang auf dem Spielplatz, wichtig ist, dass er überhaupt stattfindet.

Hier lernen die Kinder die sozialen Strukturen und Besonderheiten einer Gruppe kennen. Wie das Ganze gefördert wird, hängt dann wieder stark vom jeweiligen Kindergarten ab. Wenn beide Elternteile arbeiten gehen, wird dein Kind einen Großteil des Tages in der Fremdbetreuung sein. Leider ist es heutzutage so, dass es einen extremen Mangel an Plätzen gibt, sodass du gar nicht auswählen kannst, wohin du gehst, sondern froh bist, einen Platz gefunden zu haben.

Versuche dir regelmäßig die Zeit zu nehmen, um mit den Erziehern über dein Kind zu sprechen. Sie sind meistens die Ersten, die Auffälligkeiten wahrnehmen und dich auf Besonderheiten hinweisen. Bei fast allem gilt, je eher man etwas erkennt, desto eher kann man dagegen lenken oder behandeln. Dies können Verhaltensauffälligkeiten sein, aber genauso erste Anzeichen von Entwicklungsstörungen oder Sprachproblemen.

Mein Kind hat soziale Schwierigkeiten

Wenn dein Kind oft mit anderen Kindern aneinandergerät, keine Freunde hat oder immer alleine spielt, dann ist das ein erstes ernstzunehmendes Anzeichen für ein Problem in der sozialen Kompetenz deines Kindes.

Die Auslöser für solch ein Verhalten liegen meistens irgendwo in der Beziehung zu uns. Leider ist es selbst bei älteren Kindern nicht so einfach, herauszufinden, wieso sie sich so verhalten, wie sie sich verhalten. Sie selbst können es auch gar nicht erklären.

Hier hilft neben professioneller Hilfe natürlich auch, sich selbst zu hinterfragen und zu überlegen, wo man ggf. etwas falsch gemacht hat oder einfach auch zu wenig Zeit für das eigene Kind hatte. Auffälligkeiten sind ganz oft unbewusste Hilferufe. Sie möchten Aufmerksamkeit und merken rasch, dass sie unsere Aufmerksamkeit bekommen, wenn sie „Mist bauen“. Die Kinder machen das nicht aus Absicht, es ist ein unbewusster Prozess. Und es ist ihnen auch egal, ob sie durch negatives Verhalten auffallen. Hauptsache Papa (Mama) hat Zeit für mich. Für Eltern ist das nicht immer leicht zu erkennen.

Keine Scham bei professioneller Hilfe

Viele Papas berichten in der Papa-Gruppe, dass sie keine professionelle therapeutische Hilfe in Anspruch nehmen würden, weil sie sich schämen.

Jeder, der an einen Punkt kommt, wo er glaubt, der Gang zu einem Familientherapeuten würde helfen, es aus Scham aber sein lässt, schadet damit langfristig seinem Kind und sich. Manchmal ist dieser professionelle Blick von einem Außenstehenden einfach notwendig und führt aus festgefahrenen Situationen. Sich Hilfe zu holen, bedeutet nicht, dass man versagt hat oder schwach ist. Es wird auch vom Jugendamt nicht auf diese Weise ausgelegt. Im Gegenteil, man beschäftigt sich aktiv mit den Problemen und ist in der Lage, Maßnahmen zu treffen, die im ersten Moment schwer erscheinen, aber gut und wichtig fürs Kind und für die gesamte Familie sind.

Nur Liebe lässt einen Menschen liebevoll werden

Euer Kind kann nur ein liebevoller Mensch werden, wenn er oder sie auch mit Liebe erzogen wird. Ein Kind, das nie in den Arm genommen wird, keinen Kuss erhält und auch nicht gesagt bekommt: „Ich liebe dich“, wird sehr wahrscheinlich kein liebevolles Verhalten weitergeben können. Viele Väter, die ohne Liebe aufgewachsen sind, berichten, dass es ihnen schwerfällt, Liebe zu zeigen, obwohl sie diese fühlen. Je komplizierter das Leben auch gerade für dich sein mag, umso wichtiger ist es, deinem Kind zu zeigen, dass es dein Ein und Alles ist.

„Wenn sich Mama und Papa trennen, können sie sich ja auch von mir trennen"

Das sind die Gedanken eines sechsjährigen Kindes, dessen Eltern sich getrennt haben. Für ein Kind gehören Mama und Papa zusammen, selbst wenn sie es gar nicht anders kennen, als dass Mama und Papa getrennt leben. In der Gedankenwelt des Kindes kann sich ein Trennungserlebnis mit einem weiteren verknüpfen: Wenn Mama und Papa sich nicht mehr liebhaben und gehen, wann haben sie mich nicht mehr lieb und lassen mich alleine? Diese Gedanken sind oftmals unbewusst, machen sich aber bemerkbar, wenn das Kind beispielsweise oft nachfragt, ob man es denn noch lieben würde. Deshalb ist es so unendlich wichtig, den Kindern immer und immer wieder zu sagen, dass sie das Wichtigste für uns sind, wir sie nie verlassen und immer für sie da sind. Abschließend ein Ich-liebe-Dich und das Kinderherz ist glücklich.

TIPPS

- Behandle andere so, wie du auch behandelt werden möchtest. Dieser Leitfaden ist essenziell. Erwachsene, die in ihrer Kindheit keine Liebe erhalten haben, tun sich oftmals als Eltern schwer, Liebe zu geben. Kinder, die Gewalt in der Erziehung erfahren haben, neigen häufiger dazu, später Gewalt auszuüben.
- Dein Verhalten wird bewusst und unbewusst deine Kinder prägen. Achte verstärkt auf dich selbst, was spiegelt dir dein Kind möglicherweise wider?
- Wir müssen lernen, unsere Kinder nonverbal zu verstehen. Kinder können über Gefühle und Emotionen nicht so sprechen wie Erwachsene (und selbst denen fällt das ja oft schwer). Beobachte aufmerksam die Signale deines Kindes.
- Nehmt euer Kind so wie es ist. Seid geduldig und aufmerksam, damit erreicht ihr schon eine ganze Menge.

Talente erkennen und fördern

Erst mit 20 habe ich durch Zufall meine Liebe zum Tanzen, insbesondere Breakdance und Hip-Hop kennengelernt. Ich war zwar gut, aber einfach schon viel zu alt, um wirklich auf diesem Gebiet professionell zu lancieren. Meine Mutter hatte mich, wie so viele Mütter wohl, zum Fußball geschickt. Ich hatte nie andere Sportarten ausprobiert.

Testen, testen, testen

Sportlich, künstlerisch und musikalisch: Das sind die drei Sparten, in denen man sein Kind genau beobachten und bei Bedarf fördern sollte. Es gehört immer etwas Glück dazu, ein Talent zu erkennen.

Oftmals gehen die Eltern von den eigenen Interessen aus. Spielt Papa Fußball, so wird das eigene Kind auch in den Fußballverein geschickt. Hier wäre es wünschenswert, dem Kind viele Möglichkeiten zum Ausprobieren anzubieten. Was liegt deinem Kind besonders, was macht ihm Spaß?

Gerade bei Kleinkindern sollte man bedenken, dass sie ggf. schnell die Lust verlieren und dann wieder was Neues probieren wollen. Im Idealfall ermöglicht man ihnen das und wenn sie eine Sache finden, die sie wirklich mögen und in der sie gut sind, dann schlägt sie eh meist ein wie eine Bombe.

Talent ist nicht alles

Euer Kind hat kein Talent, aber liebt das, was es regelmäßig macht? Perfekt, Talent ist nicht alles. Ohne Leidenschaft bringt das beste Talent nichts. Lasst euer Kind sich also verwirklichen. Es singt schlecht, liebt aber das Singen? Perfekt, auch wenn es für euch einen Verschleiß an Ohrstöpseln bedeutet, unbedingt ausüben lassen. Nicht selten erarbeiten sich die Kids auch ohne Talent dafür mit Leidenschaft ihren Erfolg. Und selbst wenn kein Erfolg eintritt, solange sie Spaß an der Sache haben, ist doch alles tipptopp.

Talent erkannt – und nun?

Wenn euch Außenstehende auf ein Talent eures Kindes hinweisen, oder ihr das selber beobachtet, macht nicht den Fehler vieler Eltern und geratet nicht in einen gewissen Wahn. Viele Eltern sehen die Chance, dass ihr Kind etwas erreichen kann, was sie selbst niemals erreicht, aber immer erträumt haben. Sie überfordern dann das Kind und wundern sich, dass die Rechnung nicht aufgeht.

Wenn ihr also der Meinung seid, ein Talent entdeckt zu haben, dann ist es wie ein ungeschliffener Diamant. Erst durchs Schleifen beginnt er zu glänzen, ein falscher Schliff aber – und alles ist ruiniert.

Als Erstes ist es wichtig, dem Kind weiterhin die Freiräume zu lassen, die es braucht, um sich zu entwickeln. Mit Gewalt wird man eh nicht zum Ziel kommen. Unterstützt euer Kind und fördert es.

Meistens braucht es, um erfolgreich zu sein, mehr Zeit für das ausgeführte Hobby. Diese Zeit müssen auch die Eltern aufbringen, denn oftmals muss das Kind ja zum Training und Lernen hingebracht und abgeholt werden.

Dies ist der Teil, den wir als Eltern für unser Kind tun können. Wir versuchen, unserem Kind sein Vorhaben zu ermöglichen. Wird euer Kind erfolgreich, wird es eine Zeit geben, in der neue Leute in unser Leben strömen, und sie alle wollen mitreden. Manager, Trainer, auf einmal will jeder sich um das neue Talent kümmern. Auch hier wieder ist es unsere Aufgabe, die besten Entscheidungen für unser Kind zu treffen.

Stolz sein, egal wie erfolgreich das Kind ist

Was wir unserem Kind noch zusätzlich schenken können, ist unser Stolz. Es ist egal, wie erfolgreich jemand ist, es wird fast immer jemanden geben, der besser ist. Für viele Kinder ist es egal, was andere denken, solange Mama und Papa stolz sind, sind sie es auch. Haben Eltern aber zu hohe Erwartungen und sind traurig oder enttäuscht, dass es nicht das Ergebnis gibt, was sie sich erhofft haben, verletzt das die Kleinen umso mehr.

Gesundheit und Bewegung

Bewegung ist für dein Kind unerlässlich und Kinder sind Bewegungsbestien. Wenn sie sich nicht regelmäßig bewegen, drehen sie durch. Den Spruch „Mein Kind ist nicht ausgelastet“ lassen alle Eltern früher oder später seufzend los.

Bewegung ist entwicklungsfördernd

Bewegung trainiert den Körper, die Muskulatur, Bewegungsabläufe, Feinmotorik, Grobmotorik. Aber noch vieles über das Körperliche hinaus. Alle Sinne werden trainiert, die innere Körperwahrnehmung, Balance und Koordination.

Kann ein Kind diesen Drang nicht ausleben, wird es unruhig, gereizt und fängt an, hibbelig zu werden. Die Konzentration lässt nach, und im Allgemeinen merken wir dann recht schnell, dass Blödsinn gemacht wird. Kurzgefasst, dein Kind weiß nicht, wohin mit seiner Energie. Aber noch weitere Folgen hat die Bewegungsarmut: Kinder, die sich am Tag nicht auspowern konnten, schlafen schlechter und weniger lange. Hat dein Kind also Einschlafprobleme, kann dies ein Grund sein.

Bewegung macht den Kindern großen Spaß und sie verbinden Bewegung fast immer mit spielen. Ein Überfordern ist meist nur punktuell möglich. Die Kleinen haben eine solche Ausdauer, dass sie scheinbar über unendlich viel Energie verfügen. Dennoch sollte man immer auf Ruhephasen achten und darauf, dass sie ausreichend trinken. Gerade das Durstgefühl wird von den Kindern oft nicht wahrgenommen. Hier musst du drauf achten, dass regelmäßig getrunken wird.

Bewegung – und zwar jeden Tag

Ihr solltet mit eurem Kind mindestens eine, wenn nicht sogar zwei Stunden draußen verbringen – und das täglich. Nicht nur die Bewegung, auch das UV-Licht (das die Vitamin-D-Produktion anregt) ist wichtig für das Wachstum und die Gesundheit.

Wenn es das Wetter gar nicht zulässt, sollten Indoor-Aktivitäten durchgeführt werden.

Computer- und TV-Kinder, also Kinder, die vor diesen Geräten abgeschoben werden, haben schon in frühen Jahren ernste Gesundheitserkrankungen. Das beginnt mit Entwicklungsverzögerungen und reicht bis zu Halteschäden und mehr.

Ein Kind ist eigentlich kein Bewegungsmuffel

Es liegt natürlich an uns, ob das so bleibt und daher müssen wir drauf achten, dass unser Kind draußen auch seinen Spaß hat. Gehe ich mit meinem Kind raus und schaue nur aufs Handy und überlasse es sich selbst, wird es keinen Spaß haben. Zeit draußen mit dem Kind zu verbringen ist auch eine wundervolle Papa-Kind-Zeit. Selbst wenn die Mama dabei ist, sind es doch meist die Väter, mit denen das Kind verstecken spielt, Stöcke bastelt, Pflanzen errät, den Spielplatz unsicher macht. Diese Chance auf gemeinsame Erlebnisse sollten wir uns nicht nehmen lassen.

Das Handy gehört weg

Generell gilt bei allen gemeinsamen Aktivitäten: Packt das Handy weg. Gerade draußen, wo es ggf. auch zu gefährlichen Situationen kommen kann, gehört eurem Kind die volle Aufmerksamkeit.

Man sieht leider viel zu viele Eltern auf den Spielplätzen, die mehr auf ihre Handys schauen, als sich mit ihren Kindern zu beschäftigen. Selbst wenn dein Kind gerade beschäftigt ist, so kann man am Geschehen teilhaben (und wenn es nur das Zusehen ist). Gerade auf Spielplätzen am Wohnort kann man die Zeit aber auch nutzen, um andere Eltern kennenzulernen. Es ist viel einfacher, die Zeit draußen zu verplanen, wenn man das gemeinsam mit anderen machen kann und die Kinder zusammenspielen können.

TIPPS

- Nicht jeder Sport kostet Geld. Es gibt viele örtliche Angebote, wo Kinder sich sportlich aktiv betätigen können, ohne dass Kosten entstehen. Für sozial schwache Familien besteht außerdem die Möglichkeit, sich eine Kostenübernahme für Sportvereine der Kinder zu sichern.
- Gib deinem Kind die Möglichkeit, viele Sportarten kennenzulernen. Oftmals neigen wir dazu, dem Kind die Sportart zu zeigen, die wir selber mögen. Vielleicht stecken ganz andere sportliche Talente in den Genen?
- Sport in Vereinen kostet Zeit. Stelle also sicher, dass dein Kind auch an Trainings und Veranstaltungen dauerhaft teilnehmen kann und plane dieses mit deinem Kind zusammen. Wer kann dein Kind bringen und abholen, wenn du verhindert bist?

Andere Meinungen akzeptieren lernen, Regeln verstehen

Egal welche Erziehungsmethode ihr favorisiert, ein paar Grundlagen muss dein Kind beachten. In jeder Gemeinschaft gibt es Regeln. Auch eine antiautoritäre Erziehung kommt nicht ohne einen Grundstock an Regeln aus.

Manche Regeln sind sogar überlebenswichtig, wie zum Beispiel nicht aus dem Fenster zu springen, nicht ohne zu schauen auf die Straße zu laufen und einige mehr.

Dein Kind wird also lernen müssen, dass es auch für es selbst wichtig ist, Regeln zu befolgen. Neben den Regeln gibt es dann noch die Vorstellungen und Meinungen der anderen. Erzieht man ein Kind so, dass es immer das bekommt, was es möchte, dass also seine Vorstellungen immer erfüllt werden, wird es irgendwann im Leben an einen Punkt kommen, wo es nicht mehr so ist. Das kann im Kindergarten sein, in der Schule oder auch erst später in der Arbeitswelt.

Aus diesem Grunde ist es unerlässlich, dem Kind aufzuzeigen, dass seine Vorstellungen nicht immer die einzige Leitlinie im Zusammenleben sind. Es soll lernen, dass es andere Meinungen gibt und wie man idealerweise mit unterschiedlichen Sichtweisen umgeht.

Regeln sind nicht starr

Wenn ihr Regeln aufstellt, wird die Situation kommen, in der ihr selber diese Regeln nicht beachtet. Passiert das nur ein einziges Mal und euer Kind bekommt das mit, merkt es sich das. Es gibt zwar Regeln, aber diese sind nicht starr. Es gibt Gründe, wieso eine Regel gebrochen werden kann.

Nur die oben genannten überlebenswichtigen Regeln kennen keine Toleranzschwelle. Wenn wir also mit unseren Kindern über die Straße gehen, dann müssen wir am Straßenrand stehen bleiben und nach rechts und links schauen. Vergessen wir das, wird unser Kind sofort rufen: „Papa, du hast gar nicht nach rechts und links geschaut."

Mein Tipp jetzt: Doch, das habt ihr. Selbst wenn das nicht stimmt, euer Kind würde sich folgendes merken: Also auch Papa vergisst das mal, das ist also nicht so wichtig. Das kann lebensgefährlich für dein Kind werden. Unsere wichtigste Aufgabe als Eltern ist es, Sicherheit für unsere Kinder zu schaffen. Daher darf dir so etwas nicht passieren und wenn doch, dann gibst du eben vor, geschaut zu haben, in einem Moment, in dem es dein Kind nicht mitbekommen hat.

Über Regeln diskutieren

Die wichtigen Regeln müssen also sitzen. Dennoch wird es immer wieder Regeln geben, die wir selbst brechen. Wenn wir also unserem Kind beibringen, dass beim Essen der Ellenbogen auf dem Tisch nichts zu suchen hat, uns das aber selbst passiert, dann dürfen wir auch ermahnt werden. Euer Kind lernt dabei, dass Regeln auch für Erwachsene und nicht nur für Kinder gelten. Es zeigt deinem Kind, dass Regeln zum Leben gehören.

Eine Regel, über die Kinder gerne diskutieren, ist das Schlafengehen (siehe gleichnamigen Abschnitt). Hier lautet die Regel, dass man zu Bett geht, nicht aber, wann das zu geschehen hat. Das kann man den Kids erklären, zum Beispiel: Auch Mama und Papa müssen schlafen gehen, viel früher, als sie eigentlich möchten, aber morgens muss früh aufgestanden werden, um zur Arbeit zu gehen.

Nun begründet man noch, wieso man später als die Kids schlafen geht Frühstück vorbereiten, aufräumen, was auch immer Langweiliges euch einfällt, und die meisten Kinder verstehen das. Wenn wir natürlich irgendwas Interessantes nennen wie fernsehen, dann wollen sie mit dabei sein und das abendliche Diskutieren ist eröffnet.

Andere Meinungen akzeptieren lernen

Ab einem Alter von drei Jahren beginnen die Kinder langsam zu verstehen, was eine Meinung ist. Gehen sie in den Kindergarten, wird es vorkommen, dass jemand zu deinem Kind sagt, er findet ihn/sie doof und umgekehrt.

Wenn so etwas das erste Mal auftaucht, kann man damit beginnen aufzuzeigen, dass es andere Meinungen gibt. Das kann auch auf dem Spielplatz die Situation sein, dass ein anderes Kind sich über das Spielzeug lustig macht, über die Sandburg, was auch immer.

Wichtig in solchen Situationen ist, dass, solange es sich um eine Meinung handelt, ihr dort auch entsprechend reagiert. Sagt ein Kind zu deinem Kind, es findet irgendwas doof, dann ist das eine Meinung und dein Kind muss lernen, damit umzugehen. Völlig falsch wäre es hier, wenn du nun eingreifst und das andere Kind maßregeln möchtest.

Erkläre deinem Kind, dass jeder andere Meinungen hat. Am besten machst du das mit einem Beispiel:

„Das Kind darf den Bagger doof finden, du hast mir ja vorhin auch gesagt, dass du deinen lila Ball nicht magst, oder?“ Zeige deinem Kind also auf, dass es selber ja auch eine Meinung zu allem hat.

Meinung hat Grenzen

Schwieriger ist zu verstehen, wo die Meinung aufhört und zum Beispiel eine Beleidigung anfängt. Wenn dein Kind in den Kindergarten geht, spätestens in der Schule wird es mit Begriffen um sich werfen, die beleidigend oder unpassend sind. Hier solltest du auch hinterfragen, ob dein Kind eigentlich versteht, was es da sagt.

Mein Großer hatte irgendwann zu Hause den Satz rausgehauen ... „Das ist ja voll schwul“. Ich habe ihn im ersten Moment erschrocken angesehen, aber dann sofort geantwortet: „Aha, kannst du mir denn mal sagen, was schwul bedeutet“? Mein Sohn konnte es nicht. (Ich habe dann natürlich mit der Mama Rücksprache gehalten und angefangen, ihn entsprechend offen aufzuklären.)

Diese Situation ist im Übrigen kein Einzelfall. Ich hinterfrage seitdem immer wieder gewisse Begrifflichkeiten und erst jetzt mit acht Jahren ist er sich der meisten bewusst.

Dein Kind muss also lernen, dass die Meinung da aufhört, wo sie andere beleidigt oder verletzt. Und auch hier ist es für das Kind immer am einfachsten, mit Beispielen zu arbeiten, die es selber erlebt hat. Was für dein Kind gilt, gilt auch für dich. Auch du musst akzeptieren, dass dein Kind eine andere Meinung hat.

Regeln sind etwas Gutes. Kinder lieben Regeln, natürlich nicht offensichtlich die zu ihrem Nachteil, aber Regeln sind so etwas wie Tagesabläufe. Sie geben den Kindern Stabilität und Sicherheit.

WAS DU WISSEN SOLLTEST: RECHTLICHES, FINANZIELLES, KINDERSICHERHEIT, GESUNDHEIT

Als Papa hast du Verantwortung für die Gesundheit und die gute Entwicklung deines Kindes. Du willst es schützen und ihm einen sicheren familiären und finanziellen Rahmen bieten. Das Basiswissen, damit alles gut läuft, findest du hier.

Rechtliches mit Bezug zum Kind

Machen wir uns nichts vor, wir leben in einer Welt, in der das Idealbild der Kleinfamilie kaum noch existiert. Kennenlernen, verliebt, verlobt, verheiratet, Kinder und gemeinsames Altwerden erleben nur noch die wenigsten. Manch einer, weil er sich bewusst so entscheidet, manch einer, weil es einfach passiert. So oder so sollten wir über die rechtlichen Gegebenheiten im Groben informiert sein.

Wichtig: Dies ist keine Rechtsberatung. Ich bin kein Rechtsanwalt. Was ich schreibe, ist meine persönliche Meinung und Erfahrung und die Erfahrungen von tausenden Vätern aus meinem Projekt papa.de.

Verheiratet zu sein ist noch das rechtliche Maß

Während ich diese Zeilen schreibe, gibt es erste politische Vorstöße, unverheiratete Paare mit verheirateten Paaren gleichzusetzen, auch was die rechtlichen Dinge bezüglich des Kindes betreffen. Ob und wann das umgesetzt wird, steht noch in den Sternen.

Derzeit ist es so: Seid ihr verheiratet und bekommt ein Kind, bist du automatisch der Vater und teilst dir das Sorgerecht und das Aufenthaltsbestimmungsrecht mit deiner Frau. Wobei es sich darum handelt, beschreibe ich gleich.

Wenn du also verheiratet bist, gibt es für dich nichts zu beachten und du musst dich in der Schwangerschaft um keine rechtlichen Formalitäten kümmern. Du hast automatisch alle Rechten und Pflichten zu gleichen Teilen.

Unverheiratet: alle Pflichten, aber keine Rechte

Falls du Rechtsanwalt oder Richter bist, wirst du beim Lesen des nächsten Abschnittes vielleicht Schnappatmung bekommen. Natürlich ist die Lage überspitzt dargestellt, aber im Kern trifft sie zu. Als unverheirateter Papa hast du alle Pflichten, musst dir die Rechte aber erst einklagen, wenn sie dir die Mama nicht freiwillig gibt.

Das beginnt bei unverheirateten Paaren in der Schwangerschaft. Als erster Schritt musst du die Vaterschaft anerkennen. Hast du das gemacht, bist du unterhaltspflichtig, besitzt aber weder das Sorgerecht noch das Aufenthaltsbestimmungsrecht.

Aufenthaltsbestimmungsrecht

Hier wird geregelt, wer darüber entscheiden kann, wo ein Kind lebt und sich aufhält. Hast du kein Aufenthaltsbestimmungsrecht und die Mutter deines Kindes zieht in eine andere Stadt, kann sie das rechtlich machen, selbst dann, wenn du gleichberechtigt das Sorgerecht mit ihr teilst.

Sorgerecht

Das Sorgerecht sagt aus, wer über das Wohlergehen des Kindes bestimmen kann und unterschriftsberechtigt ist bzw. die Entscheidungsgewalt hat. Ganz simpel ausgedrückt: Für alle nicht alltäglichen Entscheidungen, die dein Kind in irgendeiner Art und Weise beeinflussen können, ist das Sorgerecht nötig. Beispiele sind der Eintritt in einen Sportverein, ärztliche Eingriffe, jegliche Verträge, die fürs Kind abgeschlossen werden.

Du musst nun also mit der Mama (bzw. werdenden Mama) zum Jugendamt gehen und dir dort von ihr gleichberechtigt das Sorge- und

Aufenthaltsbestimmungsrecht überschreiben lassen. Weigert sie sich, müsstest du die Rechte einklagen. Es müssen schon gravierende Dinge dagegensprechen, üblicherweise übernimmt dann das Gericht die Aufteilung der Rechte und geht hier nach dem Kindeswohl vor. (Oder sollte ich lieber sagen, wäre dazu verpflichtet, sich daran zu orientieren, denn leider sieht es in der Praxis oftmals anders aus.)

Die Trennung

Ich hoffe ja, dass das euch nie betreffen wird, aber möchte den Fall dennoch kurz ansprechen. Falls ihr euch trennt, bleibt erst einmal alles so, wie es gerade ist. Das bedeutet konkret: Verheiratete haben automatisch die Hälfte der Rechte und Unverheiratete genau die Aufteilung, die zu dem Zeitpunkt besteht.

Ihr könnt euch nun absprechen, wie ihr es handhaben wollt. Solange ihr euch einig seid, wird kaum eine richterliche Regelung notwendig sein. Wenn ihr euch scheiden lasst, wird es allerdings besprochen werden, und solange ihr hier die gleichen Ansichten teilt, ist alles problemlos.

Problematisch ist es immer dann, wenn die Eltern sich nicht einig sind. Oftmals meinen Eltern, dass dann das Jugendamt zuständig ist und entscheidet, das stimmt aber nicht. Das Jugendamt kann nicht entscheiden, sondern das kann nur das Gericht.

Kindeswohl: das A und O

Die Zeiten, in denen bei einer Trennung der Mann zahlt und die Frau das Kind bekommt, sind vorbei. In der heutigen Zeit wollen viele Väter diese Aufteilung gar nicht mehr, sie wollen sich auch intensiv um das Kind kümmern und nicht nur an ein paar Wochenenden im Jahr. Aus diesem Grund wird im Streitfall immer öfter danach geurteilt, was fürs Kindeswohl die beste Lösung ist. Hierbei wird davon ausgegangen, dass ein Kind Mama **und** Papa braucht. Wir leben, wie oben beschrieben, in einem Wandel, und auch immer mehr Gerichte erkennen das an. Ich selber bin geschieden und habe mit meinem ältesten Sohn das Wechselmodell. Eine Woche bei mir, eine bei der Mama. Das Wechselmodell betreiben wir seit der Trennung, als er circa drei Jahre alt war.

Kein Modell dieser Welt ist ideal, aber wenn sich die Eltern trennen, sollte (**niemals!**) das Kind mehr als den Umständen entsprechend deswegen leiden müssen. Dazu verhelfen Basisregeln wie:

- Nicht schlecht über die Mama reden,
- das Kind nicht negativ beeinflussen,
- das Kind nicht mit den eigenen negativen Gefühlen oder der eigenen Hilflosigkeit angesichts der Trennung belasten.

Leider weiß ich aus dem Austausch mit anderen Vätern nur zu gut, dass es noch immer sehr viele Frauen gibt, die nach einer Trennung auf der einen Seite versuchen, einen finanziellen Vorteil daraus zu ziehen und auf der anderen Seite das Kind als Druckmittel oder zur Bestrafung gegenüber dem Vater einsetzen. Ich kann jedem Papa nur raten, sich das nicht gefallen zu lassen und gerichtlich für seine Rechte und sein Kind einzustehen. Habt immer das Wohl eures Kindes im Hinterkopf und handelt entsprechend.

Finanzielles (Kindergeld, Wohngeld, finanzielle Sorgen)

Als ich Vater wurde, hat mir jemand einmal vorgerechnet, was ein Kind kostet, bis es 18 Jahre alt ist – mindestens 150.000 Euro. In der Tat kommt man nicht umhin, sich bei einem Kind auch um die Finanzen Gedanken zu machen.

Das steht dir zu

- Kindergeld: Mit der Geburt des Kindes steht den sorgeberechtigen Personen Kindergeld zu gleichen Teilen zu. Pro Kind gibt es monatlich eine feste Summe, welche nach Anzahl der bereits vorhandenen Kinder variieren kann. Derzeit liegt sie bei etwas mehr als 200 Euro pro Kind. Kindergeld wird bis zum 18. Lebensjahr gezahlt, auch darüber hinaus, wenn gewisse Voraussetzungen erfüllt werden.
- Kinderfreibeträge: Mit dem Kinderfreibetrag sollen Familien mit Kindern steuerrechtlich entlastet werden, indem die Höhe des Freibetrages eben nicht besteuert wird. Die Höhe des Freibetrages wird öfter angepasst, der aktuelle Betrag ist auf papa.de nachzulesen. Neben den Kinderfreibeträgen sollte bei der Steuererklärung auch nicht vergessen werden, Aufwendungen fürs Kind, wie Kitagebühren, Schulmaterialien etc. mit einzureichen und prüfen zu lassen, was davon steuerrechtlich berücksichtigt werden kann.
- Wohngeld: Kommt das erste Kind oder folgen weitere, wird die Wohnung oft zu eng, viele Familien möchten dann ein größeres Zuhause. Bei einkommensschwachen Familien gibt es die Möglichkeit des Wohngeldes und/oder eines Wohnberechtigungsscheines. Erste Anlaufstelle für eine Beratung über die Möglichkeit von Zuschüssen für deine Kinder kann das Jugendamt sein.

Arbeitgeber kann Kitagebühren übernehmen

In den Bundesländern, in denen noch Kitagebühren gezahlt werden müssen, kann es eine Möglichkeit sein, den Arbeitgeber zu bitten, diese zu übernehmen. Für den Arbeitgeber kann dies steuerlich sinnvoller sein als bspw. eine direkte Gehaltserhöhung. Auch übernimmt das Amt ggf. die Kita-Gebühren, wenn das Einkommen der Familie dazu nicht ausreicht. Anderenfalls kommt für die Familie ein ziemlich hoher Kostenpunkt hinzu. Nimmt man das Essensgeld noch hinzu, sind es leicht mehrere hundert Euro pro Kind und Monat.

Krankenversicherung

Ein ganz wichtiger Punkt ist die Krankenversicherung für dein Kind. Wenn ihr beide gesetzlich versichert seid, ist das alles unproblematisch, das Kind ist automatisch mitversichert. Seid ihr aber verheiratet (oder in eheähnlicher Gemeinschaft lebenden Beziehung) und einer von euch ist privat versichert, müsst ihr dringend prüfen, ob die Pflicht zur Anmeldung der Kinder in der privaten Krankenkasse besteht. Das Problem ist nämlich, versäumt ihr die Anmeldung und es kommt raus (und das wird es), dann müsst ihr ab dem Zeitpunkt der Verpflichtung den Beitragsbetrag plus Zinsen nachzahlen. Sind in der Zeit Behandlungskosten aufgetreten, kann auch das noch zu einem Thema werden. Also klärt dieses Thema unbedingt, wenn einer von euch privat versichert ist!

Finanzielle Sorgen oftmals nicht unberechtigt

Politisch ist das Thema der finanziellen Belastung von Familien mit Kindern ein Dauerthema. Auch wenn es viele angebotene Unterstützungen gibt (s. o.), so ist ein Kind definitiv ein Kostenfaktor in der Haushaltskasse. Selbst einkommensstarke Familien können bei mehreren Kindern, die dann beispielsweise privat mitversichert werden müssen, auf einmal in eine finanzielle Schieflage geraten. Das soziale Netz in Deutschland wird uns zwar auffangen, aber die meisten dürften das nicht als Idealvorstellung für ihre Familie ansehen.

Eine Lösung gibt es für das Problem leider nicht. Wir können weiterhin hoffen, die Politik unternimmt in diesem Bereich noch mehr. Und wir können uns im Vorfeld ausrechnen, ob und wie wir ein weiteres Kind noch finanziell stemmen können. Aber eines sei ganz klar gesagt: Das Geld ist wichtig, aber die Liebe zum Kind um ein Vielfaches mehr. Solltest du einmal in eine brenzlige, nicht selbst verschuldete Ausnahmesituation kommen, kannst du dich auch an papa.de wenden. Wir haben die Aktion papa.de hilft, mit der wir Familien helfen, die unverschuldet in finanzielle Not geraten sind.

Sichere Kindheit: Verletzungen vorbeugen

Wir leben in einer merkwürdigen Zeit. Ich will darüber schreiben, wie wir unsere Kinder vor Verletzungen bewahren können und müssen ... und überlege. Ich überlege mir meine Worte und die Aussagen, die ich machen möchte, und komme unwiderruflich sofort auf ein Wort: „**Helikoptereltern**". Als Helikoptereltern bezeichnet man übervorsichtige Eltern, die ihr Kind vor allen Gefahren schützen wollen und es dadurch keine eigenen Erfahrungen sammeln lassen, aus Angst, sich dabei zu verletzten (oder Schlimmeres).

In den Diskussionen wird immer wieder angeführt, dass früher alles anders gewesen sei. Das ist richtig, früher gab es weniger Verkehr, eine andere Form von Gewalt und die gesellschaftliche Wahrnehmung von Familienleben und den Aufgaben von Mann und Frau innerhalb der Familie war eine völlig andere. Es stimmt voll und ganz, dass wir es unseren Kindern ermöglichen müssen, ihre eigenen Erlebnisse zu machen und unser Kind nicht vor allem schützen können. Doch wie viel Sicherheit ist notwendig und wieviel ist zu viel?

Wie viel Sicherheit ist notwendig?

Genau auf diese Frage wird jeder seine eigene Antwort finden müssen. Schreibe ich einen Artikel auf papa.de, über Unfälle von Kindern im Straßenverkehr, sind sich alle einig, dass man Kinder hier besser schützen muss. Veröffentliche ich einen Artikel, in dem es um Kinder geht, die von den Eltern zur Schule gebracht oder gefahren werden, gibt es eine erhitzte Diskussion um Helikoptereltern.

Gefahrenanalyse

Hilfreich ist es bei diesen Fragen, sich zu überlegen, welche Auswirkungen eine Handlung haben. Wir analysieren also ganz klassisch eine Gefahrensituation.

Nehmen wir an, wir haben einen eckigen Couchtisch in unserem Wohnzimmer. Unser Kind ist nun zwei, drei Jahre alt und springt liebend gerne auf der Couch herum. Die Wahrscheinlichkeit, dass er irgendwann abrutschen oder runterfallen wird, ist sehr groß. Das Risiko, dass er in diesem Fall auch mit dem Kopf auf den Tisch bzw. die Ecke knallen wird, ist vorhanden, aber genauso gut kann er auch daneben auf den Teppich oder gar nicht runter purzeln. Die Wahrscheinlichkeit einer schweren Verletzung ist jedoch in dieser Situation als sehr hoch einzustufen.

Diesen Sachverhalt einfach zu ignorieren wäre fahrlässig, die Möglichkeiten, die wir haben, dem entgegenzuwirken, sind aber umfangreich. Wir könnten natürlich den Tisch entfernen, ihn an den Ecken mit Schützern ausstatten oder uns einen ungefährlicheren Tisch kaufen. Ebenso könnten wir eingreifen und unserem Kind sagen, es möge nicht auf der Couch springen, da es zu gefährlich ist. Wir könnten ihm anbieten, den Tisch wegzuschieben oder es ihm/ihr gänzlich untersagen.

Je nachdem, welche Maßnahmen wir ergreifen oder nicht ergreifen, könnten wir von außen betrachtet einem bestimmten Eltern-Typus zugeordnet werden. „Die kümmern sich ja gar nicht", „Ach schau, wieder Helikoptereltern", „Na, ob das Verbieten ausreicht?" usw.

Die Erziehung der Kinder obliegt den Eltern und wir müssen uns in jeder Situation so entscheiden, dass wir mit dem Ergebnis leben können. Je nachdem, was man selbst für Erfahrungen gemacht hat, wird man eher eine vorsichtige oder lockere Person sein und entweder viel eingreifen oder viele Freiräume gewähren. Ein Richtig oder Falsch ist immer abhängig vom Betrachter und kann so gar nicht pauschal beurteilt werden.

Einen Mittelweg finden

Es gibt diese Basisregel: Schützt euer Kind vor allem, was es noch nicht begreifen kann. Vor allem, was lebensgefährlich ist. Das bedeutet: der Straßenverkehr, die Steckdose oder auch das Kleinkind alleine in der Badewanne. All das sind Umstände, die innerhalb von wenigen Sekunden zur Katastrophe führen können. Hier müsst ihr euch Gedanken machen und Maßnahmen ergreifen. Ihr müsst für euch immer, wirklich immer im Kopf behalten, dass eine falsche Entscheidung in einer Sekunde ausreichen kann, um euer gesamtes Leben und das eures Kindes zu zerstören.

Leider bedeutet das für uns Eltern, dass wir immer, wirklich immer, in den wichtigen Situationen konzentriert sein müssen. Das erfordert, dass wir diese auch erkennen müssen. Nur eine Sekunde am Wickeltisch, die Hand nicht am Baby, sich gebückt, um Kleidung aufzuheben und schon ist das Baby von der Kommode gefallen. 20 Mal hat das Warten am Straßenrand und das Schauen nach rechts und links an der Kreuzung geklappt, beim 21sten Mal wurde es vergessen, aber da kam das Fahrzeug.

Lasst euren Kindern Freiraum und die Chance, sich zu entwickeln, ein Knochenbruch, eine Beule, ja selbst eine leichte Verbrennung, weil der Herd heiß war, ist unschön, aber kann passieren. In Lebensgefahr sollte sich ein Kind aber nie begeben müssen und eure

Aufgabe als Eltern ist es, genau diese Situationen zu erkennen und zu vermeiden. Vielleicht übertreiben wir es heutzutage mit der Sicherheit, vielleicht auch nicht. Wendet also die Gefahrenanalyse an und entscheidet danach, was euer Bauch euch sagt, was für euch richtig oder falsch ist.

Mein Kind ist krank

Ist das eigene Kind krank, leidet man als Elternteil. Man erhofft im Internet zu erfahren, dass alles doch gar nicht so schlimm ist, aber genau das Gegenteil ist der Fall. Selbst bei einem harmlosen Husten steht plötzlich der Verdacht auf eine lebensgefährliche Lungenentzündung im Raum.

Befrag nicht das Internet

Tu dir also einen Gefallen und befrage nicht das Internet. Wenn dein Kind krank ist, gehst du zum Arzt. Selbst wenn du dir unsicher bist, gehst du zum Arzt. Alles andere ist gefährlich und fahrlässig.

Ruhig bleiben

Das Wichtigste in jeder Situation ist, dass du ruhig bleibst, damit du nachdenken und rational handeln kannst. Geraten wir in Panik, vergessen wir teilweise die wichtigsten Dinge.

So war ich einmal mit dabei, als einem Kleinkind eine Biene in den Mund gestochen hat. Es herrschte bei den Anwesenden komplette Panik und jeder gab seine Idee, was jetzt am besten zu tun wäre, kund. Ich habe mein Telefon gezückt und den Notruf gewählt. Es war nicht mein Kind, also war ich in dieser Situation gelassener, dennoch ist es enorm wichtig, sich folgenden Ablauf einzuhämmern.

CHECKLISTE FÜR DEN NOTFALL

1. Wenn dein Kind in eine Situation gerät, die lebensbedrohlich ist oder werden kann, oder die es erfordert, dass das Kind sofort in ein Krankenhaus muss, ist die **112** anzurufen.
2. Wenn du das Kind selbst in ein Krankenhaus fährst und auf dem Weg dorthin sich die Situation verschlechtert, rufe ebenfalls die 112 an.
3. Bleibe ruhig, vor allem wenn du selbst fährst, es bringt keinem was, wenn du einen Unfall baust.
4. Wenn du im Krankenhaus in der Notaufnahme warten musst, ist das meist ein Zeichen dafür, dass es kein lebensgefährlicher Notfall ist.
5. Versuche alle wichtigen Informationen parat zu haben, besonders dann, wenn dein Kind sich vergiftet oder etwas verschluckt hat.

Wenn es nicht ganz so schlimm ist: Die meisten Krankheitsfälle sind nicht so dramatisch, dass dein Kind ins Krankenhaus muss. Aber du wirst dich darauf einrichten müssen, des Öfteren dein Kind zu Hause pflegen zu müssen. Damit du dies auch tun kannst, braucht es neben viel Liebe und Fürsorge manchmal auch entsprechende Medikamente. Hier empfiehlt es sich, schon beim ersten Kinderarztbesuch nach der Geburt über eine sogenannte Kinderapotheke zu sprechen.

Die Kinderapotheke zu Hause

Kinder brauchen entsprechende altersgerechte Medikamente. Gerade Fieber und Schmerzen kommen bei Babys und Kleinkindern sehr schnell und heftig. Fieber bis zu 40 C° und mehr ist leider keine Seltenheit. Du solltest also schon im Vorfeld mit deinem Arzt über erste Maßnahmen sprechen, um vorbereitet zu sein, wenn Fieber eintritt. Hier empfiehlt es sich, eine sogenannte Kinderapotheke zu Hause anzulegen, in der sich nur Arznei für dein Kind befindet. Auch solltest du im Vorfeld absprechen, in welchem Zustand des Kindes du was verabreichen kannst.

DAS SOLLTEST DU ZU HAUSE HABEN

- Kühlakku
- Pflaster
- Eine Erste-Hilfe-Ausstattung
- Schmerzmittel/fiebersenkende Mittel, die für das Alter deines Kindes geeignet sind
- Checkliste zum Aufhängen, was du bei einer Vergiftung tun musst
- Checkliste Erste-Hilfe-Maßnahmen/Wiederbelebung beim Säugling, Kleinkind, Kind (die bekommst du z. B. beim Deutschen Roten Kreuz)

Empfehlung: Erste-Hilfe-Kurs für Eltern

Ich kann dir nur ans Herz legen, einen Erste-Hilfe-Kurs für Eltern zu besuchen. Hier wird dir gezeigt, wie du in einem Notfall richtig reagierst. Im Ernstfall kann richtig eingesetzte erste Hilfe das Leben deines Kindes retten! Das DRK ist hier ein guter Ansprechpartner, es gibt aber auch andere Anbieter.

Impfen – Sicherheit überwiegt Risiko

Einige wenige Impfgegner gefährden viele. So oder so ähnlich könnte man die aktuelle Situation beschreiben. Dass einige Krankheiten wie Masern wieder auf dem Vormarsch sind, verdankt man den Impfgegnern. Mit ihrer Panikmache, die teilweise in Verschwörungstheorien gipfeln, bringen sie die Gesundheit vieler anderer in Gefahr. Deshalb ist seit dem 1. März 2020 das Masernschutzgesetz in Kraft getreten. Vor der Aufnahme in Kindertagesstätten, Schulen oder anderen Gemeinschaftseinrichtungen müssen alle Eltern nachweisen, dass ihr Kind beide empfohlenen Impfungen gegen Masern erhalten hat.

Natürlich ist das Impfen ein Eingriff, bei dem es immer zu Nebenwirkungen kommen kann – mit unterschiedlichen Auswirkungen. Aber das Impfen hat in den letzten 100 Jahren dazu geführt, dass so gut wie alle lebensbedrohlichen Kinderkrankheiten ausgerottet wurden in unseren Breitengraden. Durch die Zunahme an Impfgegnern steigt nun die Anzahl der Krankheitsausbrüche wieder an. Sprecht mit eurem Arzt über das Thema und informiert euch über die Vorteile des Impfens.

Arztbesuche

Am besten sucht ihr euch schon in der Schwangerschaft einen Kinderarzt. Viele Praxen nehmen gar keine neuen Patienten mehr auf und so kann die Suche nach einem Kinderarzt eine Weile dauern. Wenn ihr erst kurz nach der Geburt beginnt, habt ihr eventuell bis zur ersten U-Untersuchung noch keinen gefunden.

Wenn ihr also eine entsprechende Praxis gefunden habt, muss ein Arzt-Termin gut vorbereitet werden.

- Du musst an Essen und Trinken denken, denn die Wartezeiten können sehr lang sein.
- Hast du Windeln und/oder Wechselsachen dabei inkl. Wickelunterlage und Tücher?
- Spielzeug für die Wartezeit? Je nach Praxis sind die Ärzte unterschiedlich gut ausgestattet.
- Bei den meisten Ärzten kannst du nicht einfach vorbeikommen. Vorher anrufen und einen Termin ausmachen ist die Devise.
- Überlege dir im Vorfeld sehr genau, welche Symptome dir aufgefallen sind und was bei deinem Kind anders ist als sonst. Schreibe dir das auf, damit du nichts Wichtiges vergisst.

- Bei Kleinkindern, die eine Spritze bekommen sollen, ist es hilfreich, etwas dabeizuhaben, das dein Kind ablenkt. Und vergiss nicht eine Belohnung für danach.

So mag dein Kind auch den Arzt

Gerade in den ersten Jahren bekommen die Kinder bei jedem zweiten, dritten geplanten Arztbesuch eine Spritze. Diese Erfahrung kann dazu führen, dass Kinder Angst vor dem Arzt bekommen. Ein Kind dann zu einem Arztbesuch bewegen zu wollen, ist der Horror.

Besuche also den Arzt, auch wenn es „nur" ein Schnupfen oder Harmloses ist. Dein Kind soll den Arztbesuch nicht immer mit etwas verbinden, das wehtut.

Bei Impfungen und Co. solltest du dir im Vorfeld eine Belohnung überlegen, wenn dein Kind die Spritze hinter sich gebracht hat.

Wenn dein Kind die ersten Jahre nicht gerne zum Arzt geht, ist das normal. Je einfühlsamer der Arzt oder die Ärztin ist, desto weniger wird sich das Kind dagegen sträuben.

Bleibe selber ruhig

Ein Arztbesuch kann sehr stressig werden. Dein Kind schreit, kreischt und hat Angst. Bleibe in dieser Situation ruhig und vor allem schimpfe jetzt nicht noch.

Spreche dich mit dem Arzt ab. Manche Kinder sind bei Papa viel ruhiger als bei Mama, weil er ruhiger ist und nicht im Vorfeld selbst mitleidet. Probiert aus, wer die beste Begleitung ist.

Ablenkung funktioniert oftmals super

Am besten habt ihr etwas Besonderes dabei, das dein Kind für ein paar Sekunden ablenkt. Das kann als Überraschung ein kleines Geschenk sein, das es auspacken darf, ein neues Kuscheltier oder was auch immer.

Sprecht am besten auch das mit dem Arzt vorher ab, sodass er den kleinen Moment der Überraschung dazu nutzen kann, um die Spritze zu geben oder das Kind in Ruhe abzuhören.

Es gibt Kinder, die interessiert das alles gar nicht. Ein Arztbesuch muss nicht zwingend immer so verlaufen wie oben beschrieben. Wichtig ist nur, dass ihr euch auf die Möglichkeit einstellt.

Freistellung und Kinderkrankengeld

Wenn dein Kind krank wird und beide Elternteile arbeiten gehen, führt dies meistens dazu, dass ein Elternteil zu Hause bleiben muss. Je nachdem, welche Art der Beschäftigung du ausübst und wie du versichert bist, hast du verschiedene Ansprüche.

Gesetzlich Versicherte, Kind bis zwölf Jahre:

- Hier haben gesetzlich Versicherte in der Tat einen Vorteil. Nach Paragraf 45 SGB V stehen Eltern zehn Tage im Jahr zur Versorgung des kranken Kindes unter zwölf Jahren zu. In dieser Zeit gibt es dann auch Krankengeld. Dieser Zeitraum kann bis zu 25 Tage ausgedehnt werden unter bestimmten Voraussetzungen. Hier wird dann aber nur noch ein Minimalsatz gezahlt. Es ist manchmal auch möglich, dass ein Elternteil seine Tage auf das andere Elternteil überträgt. Alleinerziehenden stehen zusätzliche Tage zur Verfügung Hier sollte man sich einmal von seiner Krankenkasse beraten lassen.

Gesetzlich Versicherte, Kind über zwölf Jahre:

- Hier gibt es keine Freistellung und kein Kinderkrankengeld mehr. Es muss also Urlaub genommen oder Überstunden abgebummelt werden. Zur Not muss man unbezahlt zu Hause bleiben, dies darf der Arbeitgeber auch nicht unterbinden.
- Es gibt diverse Initiativen, die zu Recht eine Erhöhung der Altersgrenze fordern. Bisher ist der Bundestag den Initiativen aber nicht gefolgt.

Beamte:

- Paragraf 45 SGB V stehen Beamten nicht zu. Jedes Bundesland regelt den Umgang anders, wobei viele Bundesländer sich am Paragrafen 45 SGB V orientieren. Eltern, bei denen ein Elternteil (oder beide) Beamter ist, sollten also im Vorfeld abklären, wie die Regelung konkret in ihrem Bundesland aussieht.

Selbstständige und privat Versicherte:

- Auch hier gilt der Paragraf 45 SGB V nicht. Viele private Krankenkassen zahlen gar kein Kinderkrankengeld. Der Arbeitgeber kann aber eine Lohnfortzahlung von sich aus in den Arbeitsvertrag aufnehmen.

Quality Time mit Papa

Die beliebtesten Vater-Kind-Aktivitäten in den ersten drei Jahren

Ich habe 45000 Väter in unserer Gruppe nach den beliebtesten Vater-Kind-Aktivitäten in den Jahren eins bis drei gefragt. Und hier sind die Spitzenreiter:

1. Auf den Spielplatz gehen

Mit geringem Vorsprung zu Platz 2 ist der Spielplatz der Ort, wo Väter am liebsten mit ihren Kindern hingehen, um Zeit mit ihnen zu verbringen. Und in der Tat sind die Spielplätze längst keine reine Frauendomäne.

2. Einfach kuscheln und da sein

Einfach nur Zeit mit dem Kind verbringen, Nähe und Zuneigung geben und erleben. Das ist für uns Papas enorm wichtig, um eine Bindung zum Kind aufzubauen. Dabei ist es völlig egal, was gemacht wird, solange die volle Aufmerksamkeit dem Kind gilt. Also Handy und Fernsehen aus!

3. Schwimmen gehen

Bei jüngeren wie bei älteren Kindern ist das Schwimmengehen die Attraktion – altersübergreifend. Im Kleinkindalter legen Väter und Kinder noch Wert gelegt auf Bäder mit Babybecken und Co. Später werden das Wellenbad und eine Rutsche eingefordert.

4. Rausgehen

Einfach den Kinderwagen schnappen und eine Runde um den Block. Draußen Zeit zu verbringen, ist für viele Väter ein Anliegen und soll Stubenhockern vorbeugen.

5. Die Familienzeit

Wenn Zeit mit dem Kind verbracht wird, dann nicht nur alleine, sondern mit den Geschwistern, Frau/Freundin (ggf. im Idealfall ist sie Mama des Kindes, lach). Gemeinsam machts doch mehr Spaß! Familienzeit steht bei den Vätern hoch in Kurs.

6. Tobeland

Auch in beiden Altersstufen rangiert das Tobeland ziemlich weit oben. Gerade im Winter und bei schlechtem Wetter ist es eine ideale

Alternative zum Rausgehen. Die Kleinen lieben diese Orte, und Papa kann entweder mitmachen oder sich beim Kaffee auch mal ausruhen.

7. Mit altersgerechtem Spielzeug spielen

Gemeinsam mit der Tochter mit der Carrera-Bahn zu spielen, ist heute genauso normal wie mit der Puppe und dem Sohn eine Tee-Party nachzustellen. Nach und nach wird mit traditionellen Geschlechtsmustern und Vorurteilen gebrochen, und gerade beim Spielzeug sollten wir uns keine Gedanken mehr machen, wer zu was greift.

8. Tierpark/Zoo

Bei den jüngeren Kindern sind die Tiere noch beliebt, bei den älteren schaffen sie es nicht mehr in die Top 10. Immer mehr Menschen möchten Tiere in Gefangenschaft nicht unterstützen oder scheuen die teilweise hohen Eintrittspreise. Dennoch dürfen zahlreiche Kinder die Faszination des Zoos erleben und ihre Erfahrungen und Eindrücke mit Tieren sammeln, die sie sonst nie zu Gesicht bekommen oder nur aus dem Fernsehen kennen.

9. Gesellschaftsspiele für Kleinkinder

Mit zwei, drei Jahren ziehen die ersten Gesellschaftsspiele und Lernspiele in die Zimmer unserer Kinder. Dies bestätigt auch unsere Umfrage. Hier noch Platz 9, gleich bei den älteren Kindern schon auf Platz 6, der beliebtesten Vater-Kind-Aktivitäten.

10. Trecker fahren

Auf Platz 10 dann doch eine kleine Überraschung. Papas auf dem Land fahren mit den Kleinen gerne Trecker und so kommt der Punkt sogar auf Platz 10. Wenn ihr also auch als Stadtmenschen die Möglichkeit habt, das Kind auf einem Trecker mitfahren zu lassen, probiert es aus, es scheint Spaß zu machen.

Die beliebtesten Vater-Kind-Aktivitäten in den Jahren vier bis sechs

Ich habe 45000 Väter in unserer Gruppe nach den beliebtesten Vater-Kind-Aktivitäten in den Jahren vier bis sechs gefragt, das sind die Spitzenreiter:

1. Egal was, Hauptsache gemeinsam Zeit verbringen

Gemeinsame Zeit mit meinem Kind ist das Wichtigste. Diese Aussage landet mit deutlichem Abstand und klar auf Platz 1. Papas genießen die Zeit mit ihren Kindern und fordern diese auch zunehmend aktiv ein.

2. Schwimmen gehen

Schwimmen ist die altersübergreifende Vater-Kind-Aktivität schlechthin. Mit älteren Kindern stehen besonders im Sommer das Freibad mit Rutschen und die Erlebnisbäder hoch in Kurs.

3. Natur erforschen

Viele Papas wollen den Kids wieder die Natur näherbringen und das Spielen draußen. Zu deutlich zeigen sich doch die Nachteile der Kinder, die nur vor dem PC und der Spielekonsole hängen. Also raus in die Natur und mit offenen Augen durchs Leben gehen, ist die Devise.

4. Rennstrecke

Aber auch für die Adrenalinjunkies unter uns gibt es einen spannenden Punkt. Einen überraschenden vierten Platz holt sich die Rennstrecke, wobei die meisten hier mit ihren Kids auch aktiv sind und nicht nur zusehen. Egal ob mit Motorrad für die Kleinsten oder dem Go-Kart ein paar Runden gedreht werden.

5. Mittagsschlaf, aber das wollen die nie

Bei den Ein- bis Dreijährigen ist dieser Punkt nicht aufgeführt, da wir in diesem Alter den Mittagsschlaf als selbstverständlich ansehen. Zu gerne legen wir uns mit dazu und tanken Kraft für die weiteren Stunden. Entfällt der Mittagsschlaf ab einem gewissen Alter, sehnen wir uns danach, wie der überraschende fünfte Platz zeigt.

6. Gesellschaftsspiele

Die Spiele werden anspruchsvoller und umfangreicher. Ganze Spieleabende sind nun kein Problem mehr. Gesellschaftsspiele mögen nicht nur die Eltern, sondern auch bei Kindern steht diese Art der Freizeitbeschäftigung mit den Erwachsenen ganz hoch im Kurs.

7. Tobeland

Auch die älteren Kinder lieben das Tobeland und erst mit über zehn Jahren wird diese Umgebung uncool. Bis dahin können sich die Kids noch nach Herzenslust dort austoben.

8. Freizeitparks

100 cm groß und vier Jahre alt, ab dieser Größe und ab diesem Alter fängt für viele Kinder der Spaß an Freizeitparks erst an. Achterbahn und Wildwasserbahn können zwar noch nicht gefahren werden, aber es kann herausfordernder sein als nur langsame Runden auf dem Karusell. Da Papa überall mitfahren kann, ist dies auch eine tolle Zeit zusammen. Und schäme dich nicht, wenn dein Kind mutiger ist als du selbst. ☺

9. Gemeinsames Kochen

Wenn Papa in der Küche steht und mit dem Nachwuchs das Essen zubereitet, schmeckt es nicht nur doppelt so lecker, die gemeinsame Zeit wird zudem mit etwas Sinnvollen verbracht. Eine gesunde Ernährung und das Verständnis dafür fangen genau dort an – in der Küche zu Hause.

10. Gemeinsame Haushaltsarbeiten

Und auch mit Platz 10 zeigen wir Väter, dass wir uns deutlich vom klassischem Geschlechterbild entfernt haben. Egal ob Staubwedel oder Sauger, wenn die Kids helfen wollen, lassen wir sie. Ist danach noch was schmutzig, lasst es liegen. Denn putzt ihr nach, vermittelt ihr ihnen, dass sie es nicht richtig gemacht haben und sie werden freiwillig eher nicht mehr ankommen. Also lieber dann nachputzen (wenn überhaupt), wenn die Kids es nicht mitkriegen.

DAS MUSST DU HABEN

Kinderwelt ist auch Konsumwelt – schon die Einrichtung des Kinderzimmers konfrontiert dich mit der Frage: Wie viele Dinge braucht dein Kind wirklich? Und worauf achte ich bei den Basics, die zur Grundausstattung gehören: Kindersitz im Auto, Buggy, Fahrrad? Einen raschen Überblick im Angebotsdschungel bietet dir das folgende Kapitel.

Die letzten Seiten des Buches befassen sich mit drei wichtigen Punkten, zu denen immer wieder Fragen aufkommen: Kinderzimmer, Kleidung, Kindersitze. Im Grunde braucht ein Kind nicht viel mehr außer der Liebe der Eltern. Mit zunehmendem Alter hat dein Kind Ansprüche, durch Freunde, die die Wünsche deines Kindes mit prägen, durch die Werbung in den Medien usw.

Kinderzimmer

Ein eigenes Kinderzimmer ist die ersten Jahre nicht zwingend erforderlich. Dein Kind wird sowieso am liebsten dort spielen, wo auch du bist, aber dennoch macht ein eigenes Kinderzimmer Sinn und manches einfacher.

Ab wann ist es ein Muss?

Wenn du mehr als ein Kind hast, dann sollte mindestens ein Kinderzimmer vorhanden sein. Mit der Schule fängt auch eine Zeit an, in der dein Kind Ruhephasen braucht und einen Rückzugsort. Dabei kommt es nicht so sehr auf die Größe an.

Zwei Kinder: ein gemeinsames Zimmer oder jedes getrennt?

Generell könnt ihr, sofern ihr die Möglichkeiten habt, natürlich frei entscheiden. Es kommt auch darauf an, was die Kinder wollen und in welchem Alter sie sich befinden. Kinder, die in die Pubertät kommen, sollten ein eigenes Zimmer haben. Davor spricht nichts dagegen, wenn beide sich eines teilen.

Einen Nachteil gibt es aber. Und zwar ist ein Kind wach, wird wohl auch das andere wach werden. Eine Alternative wäre also (wenn Platz vorhanden), dass beide Kinder ein Zimmer haben, aber zusammen in einem Bett schlafen können, wann immer sie wollen.

Was gehört ins Kinderzimmer?

Auf jeden Fall ein Bett mit gutem Lattenrost und einer guten Matratze. Hier sollte nicht gespart werden, denn Rückenleiden und Fehlbildungen können ansonsten die Folge sein. Aus diesem Grunde sind die meisten Schlafcouchen nicht geeignet als dauerhafte Schlafmöglichkeit.

Der Schrank muss in den ersten Jahren nicht zwangsläufig im Kinderzimmer stehen. Es spricht nichts dagegen, wenn die Sachen bei euch mit im Schrank liegen, oder der Schrank sich außerhalb des Zimmers befindet. Wenn ausreichend Platz ist, würde ich ihn aber ins Kinderzimmer stellen.

Im Kinderzimmer sollten natürlich Spielsachen sein. Nicht zu viele, denn dann kann dein Kind sich nicht mehr entscheiden, was es spielen möchte.

Wichtig ist, dass ihr das Zimmer abdunkeln könnt. Gerade im Sommer gehen die Kids schlafen, wenn es draußen noch recht hell ist. Hier sollten entsprechende Vorhänge, Rollos oder Ähnliches vorhanden sein.

Achtet beim Fußboden darauf, dass dieser entweder über eine Fußbodenheizung verfügt oder ihr große Teppiche/Spielteppiche im Zimmer habt. Eure Kinder werden einen großen Teil der Zeit auf dem Fußboden spielen.

Kinderzimmer Facebook-Gruppe mit mehr als 50000 aktiven Mitgliedern

Wollt ihr euch inspirieren lassen, was im Kinderzimmer alles so möglich ist, habt ihr Ideen zur Umsetzung oder wollt ihr euer Kinderzimmer einfach mal präsentieren, dann ist unsere Gruppe Kinderzimmer der richtige Ort, denn hier geht es nur um dieses Thema. Egal welche Fragen ihr zu Kinderzimmern, Möbeln und Co. habt, hier werdet ihr Antwort finden.

Kleidung

Die passende Kleidung ist ein sehr wichtiges Thema. Gerade bis zum Beginn des zweiten Lebensjahres kann man mit einem Zuviel und einem Zuwenig an Kleidung dem Kind erheblich zusetzen. Denn bis der Körper von sich aus die Körpertemperatur mit Schwitzen und Zittern regeln kann, dauert es nämlich.

Am Nacken fühlen

Gerade bei Kindern im Kinderwagen weiß man manchmal nicht, ob man sie nun zu warm angezogen hat oder nicht. Hier sollte man am Nacken die Temperatur fühlen: Schwitzt das Kind dort, ist es zu warm angezogen. An den Händen, Ohren und an den Füßen kann man zusätzlich die Temperatur des Kindes „erfühlen“.

Den Kinderwagen sollte man nie so zudecken, dass keine Luft mehr zirkulieren kann. Im Sommer ist das sogar besonders gefährlich, da sich unter dem Tuch dann die Wärme staut wie in einer Sauna und sogar der Hitzetod möglich ist.

Mütze ist wichtig

Eine Mütze ist Pflicht in den ersten Monaten, da die Körpertemperatur besonders über den Kopf abgegeben wird. So tragen die Kleinen also auch im Sommer eine Mütze, dann am besten mit Nacken- und Stirnschutz.

Neu oder gebraucht?

Es spricht überhaupt nichts gegen gebrauchte Kleidung. Die Anziehsachen werden so rasend schnell zu klein, dass manche Eltern Kleidung sogar ungetragen weiterverkaufen müssen. Nur Schuhe – wenn das Kind anfängt zu laufen oder schon läuft – sollten neu gekauft werden. Die Passform des Fußes ist bei jedem Menschen anders, und daher sollten nie getragene Schuhe verwendet werden.

Lieber etwas zu groß als zu klein

Wenn ihr euch zwischen etwas zu kleiner und etwas zu großer Kleidung entscheiden müsst, wählt immer das größere Modell. Nicht nur dass ihr die Sachen länger verwenden könnt, zu große Sachen lassen sich durch Umkrempeln, einen Gürtel oder Ähnliches anpassen. Zu kleine Sachen können zwicken und unangenehm sein.

Müssen es Markenklamotten sein?

Generell ist dies eure Entscheidung, wie viel Wert ihr auf Marken legt. Es wird allerdings der Zeitpunkt kommen, da wird euer Kind darauf wertlegen. Wenn ihr hier aus Prinzip eurem Kind die Marken verwehrt, müsst ihr sehr genau hinschauen, ob euer Kind darunter zu leiden hat. Es gibt in der Tat noch immer viele Fälle, dass Kinder in der Schule aufgrund der Kleidung gemobbt werden. Wenn es euch finanziell möglich ist, überlegt euch jetzt schon, ob ihr eurem

Kind dann nicht einfach den Wunsch nach Markenklamotten erfüllt und ab welchem Alter ihr das tun wollt. Und seien wir mal ehrlich, in unserer Kindheit fanden wir es doch auch cool, mit der angesagten Jeans herumzulaufen, oder?

Kinderwagen, Kindersitze

Stiftung Warentest ist hier die erste Anlaufstelle, wenn es um Informationen zum Thema Sicherheit geht. Ähnlich wie bei den Autositzen ist es auch beim Kinderwagen und Buggy so, dass je nach Alter verschiedene Modelle zur Verfügung stehen.

Es gibt Kombi-Kinderwagen oder für eine gewisse Größe ausgelegte. Neben dem Faktor der Größe kommt vor allem das Handling und auch das Zusammenklappen mit in die persönliche Bewertung.

Kinderwagen müssen gut verstaubar sein

Fragt im Fachmarkt nach, ob ihr die Kinderwagen und Buggys testen und probehalber in eurem Auto verstauen könnt.

Auch wenn ihr nicht mit dem Auto unterwegs seid, ist es wichtig zu wissen, wie handlich der Kinderwagen oder Buggy zusammengeklappt ist.

Babyschale – wie groß soll sie sein?

Wählt die Babyschale nicht zu klein. Es gibt Schalen, da passt ein Neugeborenes nur für wenige Wochen hinein, dann sind sie zu klein. Ich empfehle hier die größtmögliche Größe zu wählen, die euer Wunschmodell anbietet. Umso länger kann euer Kind liegend gefahren werden.

Stabilität und Fahrverhalten

Mit einem Kinderwagen fahrt ihr nicht nur auf gut geteerten und asphaltierten Straßen. Ihr werdet auch über Stock und Stein müssen, und das muss der Wagen aushalten. Manche Kinderwagen/Buggys lassen sich sehr schwer steuern, andere wiederum sehr leicht. Nutzt auch hier den Fachhandel, um das zu testen und kauft euren Kinderwagen dort ein. Geht nämlich doch etwas kaputt, kann man euch dort am besten helfen.

Bis zu welchem Alter ist der Buggy ok?

Irgendwann ist der Einsatz des Buggys nur noch durch die Faulheit des Kindes oder durch eine sehr lange Wegstrecke begründet. Kürzere Strecken sollte dein Kind im Alter von drei bis vier Jahren zu Fuß zurücklegen – auch ohne Kinderwagen.

Im Urlaub, bei sehr langen Strecken oder wenn ihr lange unterwegs seid und dein Kind sich zwischendurch ausruhen muss, dann könnt ihr den Buggy noch mitnehmen. Bei allen anderen Aktivitäten braucht dein Kind den Buggy nicht mehr. Die meisten sind auch für die Größe und das Gewicht von älteren Kindern nicht ausgelegt.

Kindersitze (Auto & Fahrrad)

Die Suche nach dem richtigen Kindersitz bzw. der perfekten Babyschale ist ungefähr so aufwendig wie die Reise in den Himalaja.

Wer schon eine Ahnung hat, welche Sitzart es sein soll, der hat die Möglichkeit, über die Tests der Stiftung Warentest die besten Anbieter und Modelle herauszufinden. Generell solltest du dir vorher überlegen, welche Art von Sitz es sein soll.

Die verschiedenen Arten beim Fahrrad

Hier gibt es zwei Möglichkeiten:

Die eine sind Sitze für den Lenker, die andere Sitze für den Gepäckträger.

- Sitze für vorne sollten auf keinen Fall genommen werden. Sichteinschränkung, verändertes Fahrverhalten sowie erhöhtes Verletzungsrisiko sind nur einige der Argumente gegen diese Sitze.
- Der Sitz auf dem Gepäckträger ist da schon besser, aber auch suboptimal. Bei einem Sturz besteht ebenfalls ein erhöhtes Verletzungsrisiko, auch müssen die Sitze auf jeden Fall verhindern, dass die Beine des Kindes in die Speichen kommen können.
- Fahrradanhänger für Kinder. Sie sind eine gute Alternative. Gut ausgestattete bieten Sitze zum Anschnallen, eine Abstandsstange und deutlich sichtbare Warnbeleuchtung für den nachfolgenden Verkehr. Generell ist aber klar, dass man als Fahrradfahrer mit Kind immer ein erhöhtes Risiko eingeht und keinerlei Sicherheitszonen hat.

Die verschiedenen Arten beim Auto

Hier gibt es Babyschalen, Kindersitze mit fester Größe, mitwachsende Sitze und Sitzerhöhungen.

Babyschalen:

- Die Babyschalen sind Pflicht und müssen so lange genutzt werden, bis das Baby eine entsprechende Größe erreicht hat und es sicher seinen Kopf halten kann. Die Babyschalen werden meist immer entgegen der Fahrtrichtung angebracht und erfordern beim Transport auf dem Beifahrersitz, dass der Seitenairbag ausgestellt wird. Dies muss bei jeder Fahrt sichergestellt werden!

Kindersitze mit fester Größe

- Hier sollte immer ein Modell mit Isofix gewählt werden, wenn euer Auto diese Vorrichtung hat. Isofix erhöht deutlich die Sicherheit bei einem Unfall.
- Weiterhin sind Modelle mit fester Größe genau angepasst. Es handelt sich, je nach Modell, dann immer um sehr sichere Modelle, solange die vorgegebenen Größen nicht unter-/oder überschritten werden. Natürlich gibt es auch hier weniger sichere Modelle, aber aufgrund der Spezialisierung auf eine Größe müsst ihr für diesen Zeitraum kaum Kompromisse eingehen. Dadurch, dass ihr aber mehrmals die Modelle mit wachsendem Kind austauschen müsst, wird das Ganze sehr kostenintensiv.

Kindersitze, die mitwachsen

- Diese Modelle kosten im Einzelvergleich meist mehr, dadurch, dass man aber keine weiteren Modelle braucht, spart man schlussendlich Geld.
- Mittlerweile gibt es hier sehr gute Modelle, die in punkto Sicherheit mit den Kindersitzen mit fester Größe konkurrieren können. Ein Nachteil bei den Modellen ist aber, dass ihr regelmäßig die Sitze anpassen und überprüfen müsst, sodass das Gerät entsprechend der Größe eures Kindes eingestellt ist. Wird hier etwas falsch eingestellt, kann dies bei einem Unfall schwerwiegende Folgen haben.

Sitzerhöhungen

- Die Sitzerhöhungen haben einen deutlichen Vorteil in punkto Größe und Handhabung. Allerdings bieten sie keinerlei extra Schutz. Selbst wenn das Kind die entsprechende Größe für eine Sitzerhöhung hat, fehlt hier komplett der seitliche Schutz und der Kopfschutz.

Kopfschutz bei allen Modellen wichtig

Generell sollte bei allen Sitzen darauf geachtet werden, dass der Kopf gut geschützt ist und vor allem, dass ein Sitz auch die Sicherheit von schlafenden Kindern gewährleistet. Vicle Modelle sind darauf eingerichtet, dass ein Kind ordnungsgemäß drinsitzt. Viele Kinder schlafen aber im Auto und nehmen dabei ganz andere Körper- und vor allem Kopfhaltungen ein.

Hier gibt es Modelle, die Lösungen anbieten.

Fazit: Lasst euch gut beraten

Einen Kindersitz kauft man also nicht mal ebenso nebenbei. Kauft das Modell eurer Wahl am besten in einem Fachgeschäft. Dort kann man euch gleich zeigen, wie das Gerät richtig eingestellt und angebracht wird. Ebenfalls kann auf eure individuellen Bedürfnisse und Wünsche besser eingegangen werden.

Fahrrad fürs Kind

Irgendwann möchte jedes Kind ein eigenes Fahrrad haben. Ein Fahrrad fördert die Koordination, die Kondition und macht einfach Spaß.

Der erste Einstieg ist bei vielen Kindern ein sogenanntes Laufrad. Das Laufrad ist ein Minifahrrad ohne Pedale, ermöglicht aber dem Kind schon, das Gleichgewicht zu trainieren und ein Gefühl für das Fahren mit einem Fahrrad zu erhalten.

Welche Größe muss das Fahrrad haben?

- ab einer Größe von 95 cm = 12 Zoll
- ab einer Größe von 100 cm = 14 Zoll
- ab einer Größe von 105 cm = 16 Zoll
- ab einer Größe von 110 cm = 18 Zoll
- ab einer Größe von 120 cm = 20 Zoll
- ab einer Größe von 135 cm = 24 Zoll
- ab einer Größe von 140 cm = 26 Zoll

Diese Tabelle ist nur ein Beispiel von vielen aus dem Netz. Sie unterscheiden sich stark. So gibt es zahlreiche Tabellen, die immer eine Stufe unter den oben genannten Größen ansetzen.

Generell sollte man beim Thema Größe und Fahrrad aber so einiges beachten. Als Erstes ist ein zu großes Fahrrad extrem verkehrsunsicher fürs Kind. Da es mit den Beinen nicht richtig auf den Boden kommt, kann es in einer Notsituation nicht sicher anhalten.

Zu kleine Fahrräder sind ungesund und führen zu einem suboptimalen Fahrverhalten, sie sind aber sicherer als zu große Fahrräder.

Solltest du also in einer Situation sein, in der du zwischen zu groß oder zu klein schwankst, entscheide dich für das kleinere der beiden Übel.

Tipp: Lass dich im Fachhandel unbedingt beraten. Hier kann man Probefahren und sich das Fahrrad auf die Größe des Kindes einstellen lassen.

Neu oder gebraucht?

Wir haben es selber erleben müssen. Ein Fahrrad im Sommer gekauft und im nächsten Jahr war es schon zu klein. Da überlegt man sich zwei Mal, ob es wirklich das neue Fahrrad sein muss.

Generell spricht nichts über den Kauf eines gebrauchten Fahrrades. Nach dem Kauf macht es aber Sinn, das Rad von Profis einmal überprüfen und einstellen zu lassen. So ist sichergestellt, dass Sattel und Lenker zur Größe des Kindes passen und alle Schrauben fest sind. Das kostet meist nur wenige Euro, spart aber den Kauf eines neuen Fahrrades.

Verkehrssicherheit

Für Kinderfahrräder gelten dieselben Vorschriften wie für Fahrräder für Erwachsene. Das Fahrrad muss also mit Klingel, Beleuchtung vorne und hinten, zwei unabhängigen Bremsen und verschiedenen Reflektoren ausgestattet sein. Außerdem solltet ihr von Anfang an euer Kind an einen Helm gewöhnen. Gute Eltern sind natürlich auch in diesem Punkt Vorbild und nutzen selber einen Fahrradhelm.

Achtung: Für Kinder unter acht Jahren gelten andere Verkehrsregeln. Unter acht Jahren darf man nicht mit dem Fahrrad am Straßenverkehr teilnehmen. Deshalb müssen Kinder auf dem Gehweg fahren.

Muss ich als Papa auf der Straße fahren?

Als begleitende Person kannst du mit auf dem Gehweg fahren, solange dein Kind noch nicht das achte Lebensjahr vollendet hat. Danach musst du auf der Straße bzw. dem Radweg fahren. Kinder ab acht Jahren bis zum zehnten Lebensjahr können sich dann aussuchen, ob sie noch auf dem Gehweg fahren möchten oder schon auf einem Radweg oder der Straße.

Fahrradfahren ist gefährlich

Die Zeiten heute sind leider nicht mehr die von vor 30 Jahren. Der Verkehr nimmt jedes Jahr zu, und der Straßenverkehr wird immer gefährlicher. Jedes Jahr sterben Kinder mit ihrem Fahrrad im Straßenverkehr.

Kinder können, bis sie ins jugendliche Alter kommen, nur ungenau und eingeschränkt Entfernungen und Geschwindigkeiten einschätzen. Auch nehmen sie die Gefahr, die von Fahrzeugen im Straßenverkehr ausgeht, noch nicht wirklich wahr.

Aus diesem Grund solltet ihr mit eurem Kind regelmäßig das Fahrradfahren im Straßenverkehr und das aktive Mitdenken üben.

Dein Kind muss lernen, stehenzubleiben und die Situationen richtig einzuschätzen. Das geht nur mit regelmäßigem Training. Der ADAC wie auch viele Polizeiwachen bieten regelmäßig Verkehrssicherheitstage für Kinder an, die ich nur empfehlen kann.

Spiele/Spielzeug

Zum Abschluss des Buches möchte ich noch ein Thema behandeln, das mir persönlich sehr wichtig ist. Ich habe öfters in diesem Buch angesprochen, dass materielle Dinge m. E. für Kinder nicht wichtig sind und aus euch keinen besseren Vater machen. Das Wichtigste, was euer Kind braucht, ist Liebe und Zeit mit euch.

Wie viel Spielzeug braucht mein Kind?

Im Grunde braucht euer Kind kaum Spielzeug. Ein vollgestelltes Kinderzimmer kann im Gegenteil dazu führen, dass sich dein Kind nicht entscheiden kann und von einem Spielzeug zum anderen springt, ohne sich auf eines wirklich einzulassen. Weniger ist mehr, ist die Devise.

Spielzeug-Basar, Trödelmarkt und Verkaufsgruppen

Jedes Spielzeug hat nur eine begrenzte Haltbarkeit. Dabei rede ich nicht vom Produkt, sondern darüber, wie lange es für dein Kind von Interesse sein wird. Kinder verlieren schnell die Lust an einem Gegenstand. Die eine Woche war die Paw Patrol noch das Nonplusultra und die andere Woche sind es nur noch alberne Hunde.

Damit euer Kinderzimmer nicht vollmüllt und euer Geldbeutel nicht ständig pleite ist, bieten sich Spielzeug-Basar, Trödelmarkt und Verkaufsgruppen wunderbar an, um überflüssiges Spielzeug loszuwerden und gut erhaltenes preiswert einzukaufen.

Gerade der Trödelmarkt ist auch eine tolle Möglichkeit, Kinder so langsam an das Thema Geld und dessen Bedeutung heranzuführen. Möchte dein Kind also ein neues Spielzeug, dann kann es das Geld selbst verdienen, indem es altes Spielzeug verkauft. So lernt dein Kind schon früh, dass man nicht alles umsonst haben kann und lernt den Umgang mit Geld kennen.

Spielzeug spenden

Eine caritative Sache ist es, Spielzeug zu spenden. So gibt es viele Einrichtungen für Kinder, die sich immer über funktionierendes und gut erhaltenes Spielzeug freuen. Auch Kindergärten leiden oft unter Budgetnot und freuen sich über solche Sachspenden.

Egal was ihr macht, schmeißt funktionierendes und gut erhaltenes Spielzeug nicht einfach weg, oder lasst es nicht im Keller versauern.

Auch für dein Kind kann es eine Erfahrung sein, wenn es sein Spielzeug anderen Kindern überlässt, die einfach weniger haben. Gerade wenn es euch gut geht, sollte dein Kind auch lernen, dass dieser Zustand keine Selbstverständlichkeit und nicht jeder in solch einer komfortablen Situation ist.

Spielzeug Sicherheit

Achtet beim Spielzeug immer darauf, dass keine Teile abbrechen. Das Risiko, Teile zu verschlucken, ist bei Kindern bis drei Jahren sehr groß. Sie nehmen alles in den Mund, da dieses Sinnesorgan ebenso wie der Tastsinn die ersten starken Sinneswahrnehmungen sind, mit denen durch Fühlen und Schmecken Gegenstände erfasst werden.

Achtet darauf, dass sich keine Farbe oder Ähnliches lösen kann. Viele Spielzeuge bieten entsprechende Sicherheitssiegel, sagen aber nur etwas über den Zustand bei Auslieferung aus und nichts darüber, wie sie sich nach Wochen im Einsatz verhalten

SCHLUSSWORT

Kein Mensch ist perfekt. Wir nicht, unsere Kinder nicht, und so ist es überhaupt kein Problem, Fehler zu machen. Wir müssen Fehler bei unseren Kindern zulassen und auch bei uns. Papa sein hat nicht nur was mit dem Akt der Zeugung zu tun, sondern in erster Linie damit, dass wir uns die Zeit geben, in die Rolle reinzuwachsen.

Meinen ältesten Sohn habe ich noch anders erzogen als meinen zweiten und der dritte, der jetzt kommt, wird wohl einen noch gelasseneren Papa haben. Die Erziehung basiert vor allem darauf, vorbereitet zu sein. Aus diesem Grunde habe ich auch das Buch geschrieben und betreibe papa.de. Ich glaube, dass viele falsche Entscheidungen in der Erziehung getroffen werden, weil man in dem jeweiligen Moment einfach überfordert ist.

Auch sollten wir uns als Papas nicht dafür schämen, Rat und Informationen einzuholen. Ganz im Gegenteil. Wir zeigen damit, dass wir uns aktiv um das Thema Erziehung und Wohl unseres Kindes kümmern und mehr als eine passive Rolle einnehmen möchten.

Ich hoffe, dir hat das Buch gefallen und ich würde mich sehr freuen, wenn du Teil unserer Community wirst.

Nur für Papas | Die Papa-Gruppe by papa.de
https://www.facebook.com/groups/nurfuerpapas/
Facebookseite: https://www.facebook.com/www.papa.de/
Webseite: https://www.papa.de

Dein Michael Schöttler

Erziehung auf Augenhöhe

- Für mehr Achtsamkeit im Familienalltag
- Mit kleinen Veränderungen zu mehr Harmonie und Verständnis
- Praktische Rituale und Übungen, die sich leicht und schnell umsetzen lassen

Stand 2020. Änderungen vorbehalten.

Ebenfalls bei humboldt erschienen:

Alexandra Karr-Meng

Kinder achtsam erziehen

208 Seiten
14,5 x 21,5 cm, Softcover
ISBN 978-3-86910-639-7
€ 19,99 [D] / € 20,60 [A]

Der Ratgeber ist auch als eBook erhältlich.

humboldt
...bringt es auf den Punkt.

Bibliografische Information der Deutschen Nationalbibliothek
Die Deutsche Nationalbibliothek verzeichnet diese Publikation in der Deutschen Nationalbibliografie; detaillierte bibliografische Daten sind im Internet über http://dnb.ddb.de abrufbar.

ISBN 978-3-8426-1600-4 (Print)
ISBN 978-3-8426-1601-1 (PDF)
ISBN 978-3-8426-1602-8 (EPUB)

Fotos:
Titelbilder: Shutterstock
Stock.adobe.com: Opolja: S. 15, Halfpoint: S. 21, VadimGuzhva: S. 45, Oes: S. 81, Michaela Begsteiger: S. 131, JenkoAtaman: S. 153, Galitskaya: S. 175

Originalausgabe

Die Ratgebermarke der Schlüterschen Verlagsgesellschaft mbH & Co. KG
Hans-Böckler-Allee 7, 30173 Hannover
www.humboldt.de
www.schluetersche.de

Aus Gründen der besseren Lesbarkeit wurde in diesem Buch häufig die männliche Form gewählt, nichtsdestoweniger beziehen sich Personenbezeichnungen gleichermaßen auf Angehörige des männlichen und weiblichen Geschlechts sowie auf Menschen, die sich keinem Geschlecht zugehörig fühlen.

Lektorat: Sibylle Duelli, Schallstadt
Covergestaltung: ZERO, München
Satz: PER MEDIEN & MARKETING GmbH, Braunschweig
Druck und Bindung: Gutenberg Beuys Feindruckerei GmbH, Langenhagen